おとめ
OTOME

六法
ROPPO

上谷さくら
岸本学

Illustrations by Caho

KADOKAWA

おとめ

OTOME

六法

ROPPO

You are worthy of love and affection.
You are beautiful, you are smart,
you are kind, you are unique. You deserve more.
No matter the challenge,
you don't have to face it alone.

PROLOGUE

まえがき

　わたしが悪いから、こうなっちゃったの？
　警察に行ったら犯人をつかまえてくれるの？

　日々、法律相談を受ける中で、女性たちが多くの困難に直面していることを実感します。

　満員電車での痴漢、駅での盗撮被害。男友達と楽しくお酒を飲んでいたつもりが、酔いにつけ込まれてレイプされたり。一生懸命勉強したのに、入学試験では女性という理由だけで点数が減点されて不合格になったり。

　楽しいはずの恋愛が、デートDVやストーカーに悩まされたり、実は不倫だったり。部活や会社で起きるセクハラにパワハラ、インターネット上のトラブルも多発しています。

　また、「子どもが万引きで補導されてしまった」「不倫がバレて、奥さんから訴えられた」といった、加害者的立場に置かれてしまう場合もあります。

　いざトラブルに巻き込まれたときは、どうしていいかわからないものです。「結婚していないのに妊娠した。どうしよう？　産んだら養育費はもらえるの？」「恋人がスマホを勝手にチェックしてる。嫌だけどやめてと言ったらフラれそう。我慢するしかないのかな？」「夫が浮気した！　離婚するのに必要なことはなに？　ローンを払い終わっていないマンションはどうなるの？　慰謝料は取れるの？」「ネットに個人情報が載せられている！　どうしよう……」などなど。

　警察に行けばいいのか。親に相談すべきなのか。誰にも知られたくない。でも黙っていても解決しないし……と、次から次に湧き上がる不安……。

　本書は、そんな万が一のときの「道しるべ」となることを目指しました。

　どんな解決方法が正しいのか、一概に言えないケースも多数あります。しかし、困ったときにどのように行動していけばいいか、手掛かりになるはずです。

また、トラブルにあったとき、「わたしが悪かったからだ」と思い込み、一方的に自分を責めてしまう人がたくさんいます。「あなたが悪いんでしょ」などという言葉を投げかけてくる人もいます。

「わたしが悪い」だから「我慢しよう」「諦めよう」「忘れよう」……そんな思いから、泣き寝入りしたり、自分を貶めて心の傷を広げてしまったりします。

　しかし、本当にあなたが悪かったのでしょうか？
　あなたはなにか法律に触れるようなことをしたのでしょうか？
　相手の行いのほうが正しかったのでしょうか。

　相手に「違法な行為」があれば、あなたは悪くありません。
　トラブルにあうきっかけはさまざまですが、「わたしが悪い」と思い込まないでください。

「わたしが悪いのかな」
　そう思ったら、ぜひ本書をめくってみてください。あなたが再び前を向くきっかけになる「法律」が見つかるかもしれません。

　本書は、「恋愛」「SNS・インターネット」「学校」「くらし」「しごと」「結婚」の6つの章で構成されています。弁護士として相談を受ける中で、女性が遭遇することの多いトラブルをシーン、そしてライフステージごとにまとめました。

　つらいこともある。でも自分らしく生きていきたい！　そんな「おとめたち」にエールを送ります。

2020年5月
弁護士　上谷さくら

もくじ

Chapter 2
SNS・インターネットのトラブルと法律

Chapter 5
しごとのトラブルと法律

結婚のトラブルと法律

法律と手続き

法律を知っておく意味ってあるの？

　「法律とはなんなのか」を正確に説明するのは難しい話です。ここではざっくりと、「法律とは、国が時に"国家権力"を用いて国民に守らせる"決まり"や"ルール"である」と考えてください。

法律には「権利・義務」と「手続き」が決められている

　法律には、とてもおおざっぱに言えば、次のようなことが決められています。

①国民一人ひとりの「権利・義務」
②「権利・義務」が実現されるための「手続き」

　たとえば、「権利・義務」に関する法律には、次のものがあります。

Ⓐ　**民法　第96条**
1　詐欺または強迫による意思表示は、取り消すことができる。
Ⓑ　**刑法　第184条**
配偶者のある者が重ねて婚姻をした

ときは、2年以下の懲役に処する。その相手方となって婚姻をした者も、同様とする。

　Ⓐは、「詐欺」や「強迫」を受けたときにしてしまった「意思表示」は取り消すことができるという「権利」を定めています。
　Ⓑは、「2年以下の懲役に処する」と決めることで、結婚している人はほかの人とは結婚してはいけないという「義務」を定めたものです。

　一方、「手続き」を定めた法律の例には、次のものがあります。

Ⓐ　**民事訴訟法　第133条**
1　訴えの提起は、訴状を裁判所に提出してしなければならない。
Ⓑ　**刑事訴訟法　第256条**
1　公訴の提起は、起訴状を提出してこれをしなければならない。

　Ⓐは、誰かを裁判で訴える場合は、「訴状」を「裁判所」に提出する、

という「手続き」を定めています。**B**も、検察官が犯人を裁判所へ起訴するときには、「起訴状」を提出するという「手続き」を定めています。

　法律を知るということは、あなたは時に「国家権力」を味方にできるということです。たとえば、誰かが法律に違反してあなたが被害を受けたとき、警察や裁判所が、その誰かにペナルティ（刑罰）を科したり、財産を取り上げてあなたの損害を埋め合わせてくれたりします。

「法律どおり」になっていないことも多くある

　ただし、いまの世の中は必ずしも「法律どおり」になっていません。たとえば、次の法律です。

労働基準法　第4条
使用者は、労働者が女性であることを理由として、賃金について、男性と差別的取り扱いをしてはならない。

　実際には、女性社員より男性社員の給料が高く設定されているというケースがあります。

　では、法律なんて知っていても意味がないのでしょうか？
　そんなことはありません。知っていれば、いま目の前で起きていることが「当たり前」なのか、「法律違反」なのか、その判断ができます。「法律違反」だとわかれば、それを指摘し、改めさせることもできます。いますぐは無理でも、いずれそのチャンスが来る可能性もあります。
　犯罪の被害を受けても警察が十分な対応をしないときには、法律を指摘する、それでもだめなら弁護士に依頼する、という判断ができるようになります。

　法律についての知識は、あなたがトラブルに巻き込まれたとき、行動の指針になります。
　このように、法律を知っていて、無駄なことは決してないのです。

本書の見方（みかた）

本書における「六法」について

「六法」とは、もともと、日本国憲法、刑法、民法、商法、刑事訴訟法、民事訴訟法の6つの法律を指します。「六法」という名前のつく本は、これらの6つに限らず、それぞれの分野に関わる法律をまとめた本です。

本書では、DV防止法、ストーカー規制法、著作権法、軽犯罪法、男女雇用機会均等法……など、「六法」以外の法律や条例、さらには条約の中から多くを選んで掲載しています。

現実には、「六法」以外の法律等が多く活用されていることから、女性の毎日を守る大切な法律等を幅広く網羅しました。

各法律について

本書に掲載されている法律は、以下の内容に基づきます。

　　民法：2020年4月施行の改正民法の内容

　　そのほかの法令：2020年3月現在の内容

各条文は、女性に関係の深いものを選定し、読みやすく掲載しています。

条文の正確な内容が知りたい場合、電子政府の総合窓口「e-Gov（イーガブ）」の参照をおすすめします。

一部、完全な正確さより、わかりやすさを優先した表現に置き換えています。

法律の選定や解説などについては、女性に寄り添うという観点から、著者の責任において編纂しています。

本書の読み方

女性が遭遇する可能性のあるトラブルについて、シーンごとに章を分けています。

トラブルに最も関係の深い条文はイラスト下部で紹介し、その内容については「解説」で説明しています。

実際にアクションを起こしたいときにどうすればいいのかは、「手続き」に記載しています。また、よくあるトラブルについて「事例」として紹介しています。

そのほか重要な説明は「ポイント」、関連する重要な条文は「関連条文」に記載しました。

恋愛

のトラブルと法律

誰かを好きになる気持ちは、法律でも止められない

あなたを守る法律

[憲法] **第13条　個人の尊重と公共の福祉**

すべて国民は、個人として尊重される。生命、自由および幸福追求に対する国民の権利については、公共の福祉に反しない限り、立法その他の国政のうえで、最大の尊重を必要とする。

恋愛は個人の自由

憲法第13条は主に、国や政府の活動を制限するものです。この条文には、私たち国民が生きていくうえで最も重要なことが書かれています。

それは、次の2点です。

- 人は誰もが「個人として尊重される」ということ
- 人の「幸福追求」についての権利は、最大限尊重されるということ

恋愛は、「個人」の「幸福追求」のうちの重要な部分を占めます。

もしもあなたの「恋愛」を国や政府から強制されたり、妨げられたりしたらどう感じるでしょうか？ それだけで、とても不幸に感じるのではないでしょうか。

あなたが誰と恋愛・交際するかは、あなたが自分で決めることができます。

では、一度は思い合ってお付き合いを始めたものの、どちらかの気持ちが変わってしまった場合はどのように考えるべきでしょうか？

たとえば、片方はお付き合いを続けたくても、もう片方が別れたいと考えている場合などです。

これは、お互いの自由がぶつかり合っている状態といえます。

交際していた片方が「別れたい」と言った場合、もう一方はお付き合いを強制することはできません。「別れたい」というのも、相手の幸福追求権だからです。

自由が保障されているからといって、なんでもしていいわけではなく、同時に、相手の自由も大切にしなくてはならないのです。

なお、あなたが結婚や婚約をしている場合、それから、結婚同然の同居生活（内縁・事実婚）をしている場合は話は変わります。

事例

CASE

すでに恋人がいるのに新しくすてきな人に出会い、浮気をしている。以前から付き合っている恋人から慰謝料を請求される？

単に交際をしているだけで「婚約」「結婚」に至っていなければ、恋人がいながらほかの人と交際を始めても、恋人に慰謝料を支払う法的義務を負うことは、原則ありません。

ANSWER

解説

法的には、結婚や婚約をしていなければ浮気や「二股交際」になったとしても、それだけで慰謝料の支払いを強制されることはありません。

もっとも、ほかに交際相手がいるのに「あなただけ」などとだまして交際し、高額のプレゼントをもらったり食事をごちそうしてもらったり、いろんな便宜を図ってもらうなど、**相手の気持ちを大きく踏みにじったような場合には、例外的に慰謝料の支払いを求められる可能性もあります。**

事例
CASE

彼氏に「別れたい」と伝えたら「これまでに渡したプレゼント代、支払った食事代を全部返せ。そうしないと別れない」と言われた。返さなきゃだめ？

返す必要はありません。

彼氏が負担したプレゼント代や食事代は、法律上すべて「贈与」であると考えられます。贈与は、引き渡された後に取り消すことはできません。

このケースでも、交際中のプレゼント代や食事代を返さなければならない義務はまったくありません。仮に彼氏が「返さなければ別れない」と言い張っていたとしても、応じる必要もなければ、別れるのに彼氏から許可や同意を得る必要もないでしょう。プレゼント代や食事代の返還を断り、「別れる」意思を再度伝えてみましょう。

ANSWER

ポイント

恋愛中に起きるトラブルからは守られる？

恋愛関係それ自体については、原則的に法律が立ち入る領域ではないといえます。

ただし、DVや詐欺など、恋愛の中で起きる被害や犯罪については、法律が守ってくれることもたくさんあります。

付き合ってる人がいるときは「合コン」に行ったらだめ？

ANSWER

法律上「お付き合いしている人がいるときは合コンに行ってはいけない」という義務は存在しません。さらに言えば、その「合コン」ですてきな出会いがあったとしても、法律に違反しません。

法律は、「結婚」「婚約」をしていないかぎり、個人の「自由恋愛」には原則として介入しません。なので、恋人がいるのに合コンへ行っても、法律上は許されます。

ただし、片方に「合コンへ行く自由」があるのだとすれば、相手にも同じ自由があります。その行いを「かまわない」という人もいれば、「嫌だ」という人もいるでしょう。

また、「二股交際は絶対だめ」という考え方もあれば、「場合によってはかまわない」という考え方もあるかもしれません。

どちらかが「合コンは嫌」という場合、相手と「お互いに合コンには行かない」という「約束」をしておくことは可能です。ただその約束には原則、法的な効力はありません。約束を破ったからといって、ただちに慰謝料を求めたりはできないでしょう。

人の「自由」はしばしばぶつかり合います。その際、相手の気持ちや考え方の違いを理解し、お互いに尊重することがなければ、豊かな関係は継続できません。互いの「自由」すなわち、気持ちや考え方を尊重しながら、工夫や妥協をすることも必要なのかもしれません。

[民法] **第549条　贈与**
贈与は、当事者の一方がある財産を無償で相手方に与える意思を表示し、相手方が受諾をすることによって、その効力を生ずる。

[民法] **第550条　書面によらない贈与の解除**
書面によらない贈与は、各当事者が解除することができる。ただし、履行の終わった部分については、この限りでない。

わたしはあなたのお人形さんじゃないの

解説

恋人間で起こるさまざまな暴力

デートDVとは一般的に、「交際中の恋人間で行われる暴力」といわれます。デートDVそのものを直接規制する法律はありません。しかし、内閣府男女共同参画局が掲げる「主な政策」に「女性に対する暴力の根絶」があります。ここにデートDVも含まれ、国を挙げて根絶すべきこととされています。また、被害にあった際は、いろんな法律で守られる場合があります。

「暴力」のかたちはさまざまで、主に次の5つの類型に分けられます。

- 身体的暴力……殴る、蹴る、髪を引っ張る、物を投げつける　など
- 精神的暴力……大声でどなる、なにを言っても無視する、人前でバカにする　など
- 性的暴力……望まない性交渉を強要する、嫌がっているのに裸の写真を撮る、避妊に協力しない　など
- 社会的制限（行動制限）……携帯電話などを細かくチェックして行動を監視する、友人との付き合いを制限する、一緒にいないときは細かく行動を報告させる　など
- 経済的暴力……お金を借りたのに返さない、仕事をやめさせる　など

殴る・蹴るなどの暴力のほか、髪の毛をつかんだり、机を手で叩いて大きな音を出したりする。怒って包丁を突きつけたりする。物を投げつけたり、目の前で壊したりすることもある。

殴る・蹴るなどは「直接的な身体的暴力」で、刑法の傷害罪や暴行罪にあたります。髪の毛をつかむことも暴行罪になりえます。包丁を突きつけるような危険な行動は、暴行罪や脅迫罪の可能性が高いでしょう。机を手で叩いて大きな音を出したり、物を投げつけたり壊したりする行為も、そのときの様子や回数によっては、暴行罪になります。たとえ突きつけた包丁が体に触れなくても、投げた物が体に当たらなくても同じです。

「ブス」「バカ」など傷つけるようなことを言う。他人の前で「こいつはなにもできないやつ」と見下す発言をする。別れ話をすると「別れたら死んでやる」「一生つきまとってやる」と言ったりする。

人格を否定するような悪口を言うと、場合によっては民法上の不法行為にあたります。激しい言い方にかぎらず、冷静に諭すような言い方でも該当します。
あなたの前で「別れたら死ぬ」「一生つきまとう」などと言うことは、場合によっては刑法の脅迫罪にあたる可能性があります。

自分に対し土下座を強要したり、自分の親族や友人などに「私はダメな人間です」と言わせるなど、屈辱的な行為を要求する行為も精神的暴力の一例で、刑法の強要罪にあたる場合があります。

嫌だと言っているのに性行為をさせられる。避妊してほしいと言っても協力してくれない。性行為のときに、コスプレをするように命じられるのも嫌でたまらない。「やめて」と言っても行為中の写真や動画を撮る。

合意のない性行為は、すべて性暴力です。たとえ交際相手であっても、場合によっては刑法の強制性交等罪や強制わいせつ罪となり、とても重い罪が科せられます。

事例
CASE

メッセージの返信が遅れるとキレる。自分が最優先でないと気が済まないようで、友だちとの約束もキャンセルさせられる。デートでは、好みの服装に着替えさせられることもある。浮気を疑って、わたしの携帯を勝手にチェックする。

ANSWER

恋人に対して、相手を独り占めしたくなる気持ちが起きることもあるでしょう。しかし、行き過ぎると相手の人格権やプライバシーを侵害することになります。こうした侵害がエスカレートするとストーカーになることもあります。嫌だと感じることは率直に説明しましょう。聞き入れてくれない場合は、別れることも考えてみましょう。別れてくれない場合、警察に相談に行くことも検討したほうがいいでしょう。

事例
CASE

自分のことに使えるお金も十分でないのに、いつもデート代は自分が全額を支払っている。さらに、誕生日や記念日には高価なプレゼントを求められる。「お金を貸して」と言われることもあるが、貸しても返してくれたことがない。

ANSWER

金銭感覚は人それぞれ。自分の経済状況やお金に対する価値観を正直に話し、デート代についてのルールを決めることも必要です。
また、恋人間であってもお金の貸し借りはトラブルの元。これ以上は貸せないと思うのなら、きっぱり断ることも大切です。

ポイント

安心できる関係づくり

内閣府男女共同参画局では、安心できる関係づくりを行ううえで、次のような項目を考えるよう提案しています。

- 意見が違ったとき、安心して互いの意見を伝え合い、相談できる
- 2人の時間だけじゃなく、自分や相手のプライベートな時間も大切にできる
- 嫌なことについては、「NO」と言える。相手が嫌がることはしない
- 2人の関係が、「上 - 下」、「主 - 従」の関係になっていない

これらがすべてではありませんが、自分にとって心地よい関係と感じられるかどうかは、ともに末永く幸せに過ごすうえで重要なポイントです。
DVの相談には専門家がいます。「DV相談ナビ」など、国でも整備しています。

不法行為ってなに？

不法行為とは、事故や事件などの、損害賠償の原因となる行為です。この成立には、以下の点が必要です。
①故意・過失があること
②損害が発生したこと
③加害者の行為と損害の発生との間に因果関係があること
④違法性があること

わかりやすくいうと、①故意は「わざと」、過失は「うっかり」。故意も過失もない場合、なんらかの損害が発生しても行為者は責任を負いません。②の損害というのは、経済的損害だけでなく、精神的損害も含まれます。③の因果関係の立証は、難しいこともあります。特に精神疾患が生じた場合です。精神的につらい原因は複数にまたがっている場合が多く、誰でもなんらかの悩みを抱えているからです。④については、ルールを守っていてもけがが生じることがあります。たとえばスポーツなどの場合は違法性はありません。ただ、故意にルールを破ってけがをさせたり、審判の判定に怒って暴力をふるったりした場合などは、違法性があるといえます。
不法行為が成立すると、行為者は、損害賠償責任を負います。

[刑法] **第208条　暴行**

暴行を加えた者が人を傷害するに至らなかったときは、2年以下の懲役、もしくは30万円以下の罰金、または拘留、もしくは科料に処する。

[民法] **第709条　不法行為による損害賠償**

故意、または過失によって他人の権利、または法律上保護される利益を侵害した者は、これによって生じた損害を賠償する責任を負う。

[民法] **第710条　財産以外の損害の賠償**

他人の身体、自由、もしくは名誉を侵害した場合、または他人の財産権を侵害した場合のいずれであるかを問わず、前条の規定により損害賠償の責任を負う者は、財産以外の損害に対しても、その賠償をしなければならない。

[刑法] **第176条　強制わいせつ**

わたしのからだは立入禁止 → P.118

[刑法] **第177条　強制性交等**

したくない性的行為をさせられた → P.32

[刑法] **第204条　傷害**

人の身体を傷害した者は、15年以下の懲役、または50万円以下の罰金に処する。

[刑法] **第222条　脅迫**

ネットやSNSで脅された → P.60

[刑法] **第223条　強要**

「好きだから」って好意を押しつけないで → P.25

つきまとってくるストーカー

「好きだから」って好意を押しつけないで

あなたを守る法律

ストーカー規制法 第1条　目的

1　この法律は、ストーカー行為を処罰する等ストーカー行為等について必要な規制を行うとともに、その相手方に対する援助の措置等を定めることにより、個人の身体、自由および名誉に対する危害の発生を防止し、あわせて国民の生活の安全と平穏に資することを目的とする。

「ストーカー行為等の規制等に関する法律」は、「ストーカー規制法」と一般的に呼ばれます。この法律は、同じ人に対してつきまとい等を繰り返すストーカー行為者（加害者）に、警察署長等から警告を与えたり、悪質な場合に逮捕したりすることで、被害を受けている人を守る法律です。

ストーカー規制法で規制の対象となるのは、「つきまとい等」と「ストーカー行為」の2つです。具体的に、次の8つの行為が「つきまとい等」として禁止されており、繰り返すと「ストーカー行為」になる場合があります。

- つきまとい、待ち伏せ、見張り、住居等への押しかけ
  例）学校や職場で待ち伏せ、尾行、自宅への押しかけやうろつき

- 行動を監視していることがわかることを告げる
  例）帰宅したとたんに「お帰りなさい」と電話する

- 面会、交際などの要求
  例）拒否しているのにしつこく面会や復縁を求める

- 著しく粗野、乱暴な言動
  例）自宅まで来て大声で叫んだり、罵ったりする

- 無言電話、拒否したのに連続して電話、FAX、メール、SNS
  例）しつこい電話やメッセージの送付、コメント欄へしつこく書き込む

- 汚物や動物の死骸などを送りつけ、嫌悪感や不安を与える

- 名誉を害することを告げる
  例）名誉を傷つけるようなことを言う、そのような内容の文書を送り付ける

- 性的羞恥心を害することを告げる、文書等を送付する
  例）わいせつ写真を送りつける、電話や手紙で卑わいなことを言う

これらの行為は、刑法の脅迫罪や強要罪にあたる場合もあります。
ストーカー行為についてもっと詳しく知りたいときは、各都道府県警のホームページが参考になります。

ストーカー被害にあっている場合は、遠慮せず早めに各自治体の「配偶者暴力相談支援センター」や警察に相談することがなによりも大切です。**ストーカーは、性犯罪や殺人といった凶悪犯罪にエスカレートする可能性がある**ためです。相談する場所がわからない場合は、「#9110」に電話をすれば、相談窓口となる最寄りの警察署につないでくれます。

自宅についても対策を立てましょう。ストーカーに自宅を知られている場合は、避難先となるシェルターを紹介してもらえたり、ホテル代を補助してもらえたりする場合があります。
ストーカーにあなたの自宅を知られていない場合は、身の安全を守るために、絶対に住所を知られないようにします。住民票を置いている市区町村に相談すると、住民票の交付を制限する手続きをすることができます。

警察にストーカー被害の相談をすると、ストーカー規制法に基づいて、図のような流れで対応がなされます。

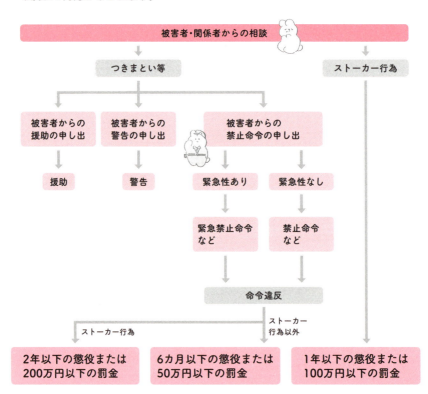

事例

CASE どこからがストーカーになるのか判断がつかない。

ANSWER
自分だけで判断せずに、まずは警察に行って相談しましょう。仮に法律上のストーカーとはいえなくても、警察が相手に電話などで警告をしてくれるケースも多くあります。
なお警察に行く際は、場合によっては事前に相談予約を取り、信頼できる友人や親族に同行してもらうとよいです。

事例

CASE ストーカー行為を受けている。ただ、相手は仕事や立場的に社会的な信用がある。警察はこちらの言い分を信じてくれない気がする。

ANSWER
まずはストーカー行為を受けている証拠を残すことが重要です。電話は着信記録を保存し、通話したときは録音しましょう。SNSの投稿はスクリーンショットなどで保存するとよいです。待ちぶせは、可能であれば防犯カメラを設置するなどして記録しましょう。こうした証拠があれば、警察もスムーズに動けます。後日、刑事事件や民事訴訟になった場合にも、これらの証拠はとても役に立ちます。

事例

CASE SNSでつきまとわれている。ブロックすれば収まる？

ANSWER
いきなりブロックすると、拒絶されたと感じて逆上される危険がありますのでやめてください。居場所を探されたり、家に押し掛けてくる可能性もあります。返信するのも、ストーカーとの関係性を継続することになってしまうため、やめるべきです。ブロックも返信もせず、画面を保存して警察に相談してください。

〔刑法〕**第222条　脅迫**　ネットやSNSで脅された→P.60

〔刑法〕**第223条　強要**

1　生命、身体、自由、名誉、もしくは財産に対し害を加える旨を告知して脅迫し、または暴行を用いて、人に義務のないことを行わせ、または権利の行使を妨害した者は、3年以下の懲役に処する。

2　親族の生命、身体、自由、名誉、または財産に対し害を加える旨を告知して脅迫し、人に義務のないことを行わせ、または権利の行使を妨害した者も、前項と同様とする。

3　前2項の罪の未遂は、罰する。

関連条文

あなたを守る法律

憲法 第33条

何人も、現行犯として逮捕される場合を除いては、権限を有する司法官憲が発し、かつ理由となっている犯罪を明示する令状によらなければ、逮捕されない。

簡単に逮捕はできない

刑事事件の被疑者が逮捕されたら警察署に連行され、留置施設などに入れられて、延々と厳しい取り調べが続く……というイメージが一般的にあります。しかし、逮捕は懲罰のためではなく、被疑者の身柄を拘束して逃亡を防ぎ、その後の刑事手続きをスムーズに行うためのものです。そのため、タイムリミットが定められており、最大で72時間が限度です。その後、身柄拘束を続けるためには「勾留」が必要です。勾留できない場合は釈放となります。

逮捕は人の自由を奪う強制処分です。そのため、逮捕するにふさわしい理由があり、逃亡や証拠隠滅の可能性があると判断したときに初めて行われます（刑事訴訟規則第143条の3）。ですから、逮捕要件を満たさないのに、「あの人はけしからん！」という理由で逮捕することはできません。

その逮捕には、3つの種類があります。

通常逮捕（刑訴法第199条第1項）

ドラマなどで見る、警察が逮捕状を持ってやって来る逮捕です。
逮捕状は裁判官が発布するもので、憲法第33条の「令状主義」に基づく法律です。
捜査の現場では「つうたい」と呼ばれます。

緊急逮捕（刑訴法第210条第1項）

急を要し、裁判官の逮捕状を求めることができない場合に行う逮捕です。
死刑または無期、もしくは長期3年以上の懲役、もしくは禁錮にあたるほど重い罪を犯したと疑うに足る充分な理由があるときに行います。その場で逮捕しなければ逮捕できなくなるような事情がある場合に、逮捕状なしに行うことができます。捜査の現場では「きんたい」と呼ばれます。

現行犯逮捕（刑訴法第212条、第213条）

明らかに犯罪を犯したと思われる人をその場で逮捕するものです。現に罪を行っている人や、罪を行い終わった人を「現行犯人」といいます。犯人として追われている人や凶器を持っていたり血だらけであったりなど、明らかに犯罪をしたと思われる人なども「現行犯人」とみなされます。逮捕状なしに逮捕できます。捜査の現場では「げんたい」と呼ばれます。

誰でも現行犯逮捕ができる

現行犯人であれば、警察でなくても誰でも逮捕できます。たとえば、痴漢にあった被害者、それを目撃した人などは、現行犯逮捕として痴漢を取り押さえることができます。

逮捕のために取り押さえるなど、ある程度の有形力の行使も認められています。犯罪の状況はそれぞれですので、どの程度までの有形力の行使が許されるのか、一律に基準を決めることはできませんが、犯罪の重さ、犯行態様、犯人が凶器を持っているかどうか、犯人と逮捕者の体格差などから総合的に判断されます。私人の場合、警察官と違って専門的な訓練を受けていないので、多少の限度を超えた有形力を行使しても、ただちに違法とはなりません。

しかし、私人が逮捕しても、犯人を取り調べたり留置したりする権限はありません。ただちに警察官に連絡して、引き渡す必要があります。

刑事訴訟法 第199条 逮捕状による逮捕

1 検察官、検察事務官、または司法警察職員は、被疑者が罪を犯したことを疑うに足りる相当な理由があるときは、裁判官のあらかじめ発する逮捕状により、これを逮捕することができる。ただし、30万円以下の罰金、拘留、または科料に当たる罪については、被疑者が定まった住居を有しない場合、または正当な理由がなく前条の規定による出頭の求めに応じない場合に限る。

刑事訴訟法 第210条 緊急逮捕

1 検察官、検察事務官、または司法警察職員は、死刑、または無期、もしくは長期3年以上の懲役、もしくは禁錮にあたる罪を犯したことを疑うに足りる充分な理由がある場合で、急速を要し、裁判官の逮捕状を求めることができないときは、その理由を告げて被疑者を逮捕することができる。この場合には、ただちに裁判官の逮捕状を求める手続きをしなければならない。逮捕状が発せられないときは、ただちに被疑者を釈放しなければならない。

刑事訴訟法 第212条 現行犯人・準現行犯人

1 現に罪を行い、または現に罪を行い終った者を現行犯人とする。
2 左の各号の一にあたる者が、罪を行い終ってから間がないと明らかに認められるときは、これを現行犯人とみなす。
　①犯人として追呼されているとき。
　②贓物、または明らかに犯罪の用に供したと思われる凶器その他の物を所持しているとき。
　③身体、または被服に犯罪の顕著な証跡があるとき。
　④誰何されて逃走しようとするとき。

刑事訴訟法 第213条 私人による現行犯逮捕

現行犯人は、何人でも、逮捕状なくしてこれを逮捕することができる。

刑事訴訟法 第214条 私人による現行犯逮捕後の手続き

検察官、検察事務官および司法警察職員以外の者は、現行犯人を逮捕したときは、ただちにこれを地方検察庁、もしくは区検察庁の検察官、または司法警察職員に引き渡さなければならない。

警察による捜査の後の流れ

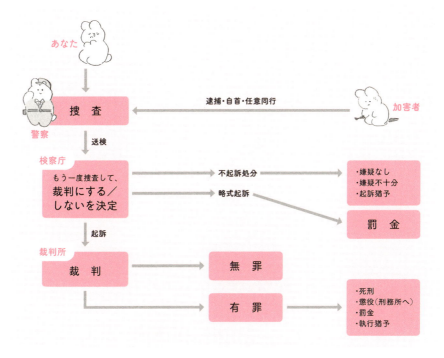

あなた

捜査
警察

逮捕・自首・任意同行

加害者

送検

検察庁
もう一度捜査して、
**裁判にする／
しないを決定**

不起訴処分

略式起訴

・嫌疑なし
・嫌疑不十分
・起訴猶予

罰　金

起訴

裁判所

裁　判

無　罪

有　罪

・死刑
・懲役（刑務所へ）
・罰金
・執行猶予

もしもあなたが逮捕されたら？

逮捕されるとまずは、警察による取り調べが行われます。

取り調べの前には、警察はあなたに**「黙秘権」**があることを説明しなければなりません。黙秘権とは、憲法に定められた権利で、**自分に不利益な供述をすることを拒否できる権利**です。一切なにも話さない「完全黙秘」をしてもかまいません。**黙秘をしただけで、後日、不利益な判決を受けることはありません。**

もし、警察が黙秘権の説明をしない場合、そのことについて抗議しましょう。もちろん、積極的に話をしても全く問題ありません。

警察で話したことは、「供述調書」にまとめられます。まとめおわったら、警察が内容を読み聞かせます。

その際大切なのは、間違っていることがあれば訂正するよう申し出ることです。**供述証書に「署名・押捺」すると、後から「あれは間違っていた」と翻すことはかなり難しくなります。**慎重に内容を確認してください。

逮捕されると、原則として当番弁護士が駆けつけ、接見します。取り調べが不安なときは、「弁護士が来るまで話せない」と言って、供述するのを保留してもかまいません。

病気をわざとうつされた

消えない傷を残さないで

あなたを守る法律

［民法］第709条　不法行為による損害賠償

故意、または過失によって他人の権利、または法律上保護される利益を
侵害した者は、これによって生じた損害を賠償する責任を負う。

［民法］第710条　財産以外の損害の賠償

他人の身体、自由、もしくは名誉を侵害した場合、または他人の財産権
を侵害した場合のいずれであるかを問わず、前条の規定により損害賠償
の責任を負う者は、財産以外の損害に対しても、その賠償をしなければ
ならない。

自分が性病にかかっていることを知っていながら、それを内緒にして性交渉をした場合、傷害罪になる可能性があります。ただし、それで刑事事件として裁判にまでなることはほとんどないと考えられます。

しかし、性病をうつされたために病院に通うとなると、治療費や通院交通費がかかります。通院のために仕事を休んで収入が減れば、「休業損害」も発生します。これらは、民事上の損害賠償として、性病をうつした相手に請求できます。

また、性病をうつされたことによる精神的ショックに対する慰謝料が認められる場合もあります。

CASE

彼氏に性病をうつされた。どうやら浮気していたらしい。彼氏に治療費を請求できるか。

自分が性病にかかっていることを、彼氏が認識していたかどうかによります。全く認識できていなければ、治療費の請求は難しいです。

明らかに性病の症状が出ていたのに、「大丈夫だろう」と勝手に思い込んでいた場合は、「過失がある」ということで、治療費を請求できる場合もあります。

自分が性病であると認識しており、すでに病院にも行って診断が出ていた場合などは、「故意がある」ということで、治療費が請求できる可能性が高いでしょう。

ただし、彼氏が「あなたが浮気をして性病になり、自分はあなたからうつされた」などと言い張った場合、「彼氏からうつされた」ことを立証するのはかなり困難です。彼氏の責任をとことん追及したいのであれば、「浮気をしたのではないか」「性病とわかっていながら黙っていたのではないか」などと問い詰め、その様子を録音しておくとよいでしょう。

また診察代や薬代の領収証などもきちんと保管しておきましょう。

ANSWER

「過失」ってどういうこと？

過失とは、日常用語でいえば「うっかり」のこと。法律用語に置き換えると「予見可能性」「結果回避可能性」のことです。

つまり、「そういう結果になることを考えて、事前にそうならないようにすべきだったのに、それを怠った」という場合をいいます。

[刑法] **第204条 傷害**
人の身体を傷害した者は、15年以下の懲役、または50万円以下の罰金に処する。

大切なものが壊れていくの

あなたを守る法律

[刑法] **第177条　強制性交等**

13歳以上の者に対し、暴行、または脅迫を用いて性交、肛門性交、または口腔性交をした者は、強制性交等の罪とし、5年以上の有期懲役に処する。13歳未満の者に対し、性交等をした者も同様とする。

暗い夜道を歩いていたら、いきなり背後からはがい絞めにされて押し倒され、馬乗りになられてレイプされた。

強制性交等罪が成立するには、「反抗を著しく困難にする程度の暴行・脅迫」があったことを、検察官が立証する必要があります。この例では、その要件を満たすといえるでしょう。
この要件にあたるのは、殴る・蹴るの「暴行」や、刃物をつきつけて「殺すぞ」というような「脅迫」だけに限りません。年齢・性別・時間・場所など、事件の具体的な事情を検討して、「暴行・脅迫があったか」を判断します。

望まない性的行為は、すべて性暴力です。それを「レイプ」と呼ぶ人もいます。しかし、**刑法上のレイプは、強制性交等罪と、準強制性交等罪を意味します。**これらは、「膣性交」「肛門性交」「口腔性交」の3類型に限られています。

この3つ以外の「胸を舐められた」「膣や肛門に手や器具を入れられた」などの場合は、強制わいせつ罪、準強制わいせつ罪が成立します。

飲み会で一気飲みさせられ、記憶をなくした。起きたら男性の家のベッドにおり、意識のない状態でレイプされていたことがわかった。

酒や薬で意識を失わせて性交するなど、正常な判断ができない状態の人に対して性交したりした場合、準強制性交等罪が成立します。完全に意識を失っておらず、もうろうとしている状態でも成立します。
ただし、被害者にそれなりの意識があった場合や、被害者の振る舞いによって、加害者が「意識がある」と勘違いしても仕方がないとみなされた場合には、準強制性交等罪が成立しないこともあります。

強制性交等罪と準強制性交等罪の違い
被害者には意識がないので、加害者は「暴行・脅迫」をする必要はないという考え方から「強制」ではなく「準強制」となります。罪名に「準」がつくため、強制性交等罪よりも軽いイメージがありますが、刑の重さは同じです。

「準」がつく／つかないの違い ➡ P.95

被害にあったときにすべきこと

レイプを含む性暴力では、ごく一部だけが刑事事件となるのが現状です。また、民事的請求が認められるものもそう多くありません。その主な理由は、客観的な証拠が得られにくいことです。レイプは密室で行われることが多いため、目撃証言がない場合がほとんどです。

もし被害にあったときは、すぐに110番に通報してください。ほかにも、各都道府県警の相談窓口につながる警察の性犯罪被害相談電話「♯8103（ハートさん）」や、全国のワンストップ支援センターもあります。

気持ち悪いと思いますが、なるべくシャワーを浴びたり口をゆすいだりはしないでください。そのとき着ていた洋服も捨てないでください。体内、体の表面、衣服に、体液など犯人のDNAが残っている可能性があります。それらは有力な証拠になります。

準強制性交等罪などの場合、血中のアルコールや睡眠導入剤などの薬物を測定するために、代謝・排出される前に急いでワンストップ支援センターや捜査機関で検査をしてもらいましょう。刑事事件の証拠として役立つ可能性があります。

また、記憶にあることはメモして残しておきましょう。時間や場所、犯人の特徴（体格、洋服の色、顔の特徴など）など、思いつくことを書いてください。できれば、信頼できる家族や友人にメールなどで共有しておくのが望ましいです。もちろん、誰にも言いたくなければ、自分宛てにメールしておけば大丈夫です。このメモは、事件後できるだけ早い段階で残すほうが、刑事事件や民事訴訟になった場合の証拠価値が高くなります。

できるだけ早く病院や警察へ!!

もし被害にあったときは、できるだけ早く病院か警察に行くのが望ましいです。証拠保全や迅速な捜査にもつながりやすくなります。

妊娠のおそれがある場合には、病院で「緊急避妊ピル」を出してもらいましょう。

「緊急避妊ピル」とは、事後的に避妊できる薬です。ただし、性交渉後、72時間以内に服用する必要があります。100％避妊できるわけではありませんが、早く服用すればするほど避妊できる可能性が高くなります。

性病感染のおそれがある場合も、やはり病院で検査をお願いしましょう。警察の協力病院へ行くと、費用はかかりません。自分で支払った場合、後日費用が戻ってくる場合もあります。ほかにも、初診料やさまざまな検査にかかる費用、診断書の作成費が無償になる制度があります。できるだけ警察官やワンストップ支援センターの方に同行してもらって、手続きなどはその人にお任せしましょう。

CASE 実父が勝手に10代前半の娘である自分の自室に入り、ベッドに入ってきた。体をさわり、男性器を口の中に入れてきた。

ANSWER

「監護者」が、その影響力を利用して18歳未満の人に性交すると、監護者性交等罪が成立します。
監護者とは、同居している親やそれと同じくらいの影響力を持つ人が想定されています。したがって、加害者が学校や塾の先生、たまたま遊びに来ていた親せきなどである場合には、この罪は成立しません。

刑事事件として処分してもらうには

警察に行き、被害を申告します。一人で行くのが不安なら、ワンストップ支援センターや、被害者支援機関の方が、無償で同行してくれます。その後、被害状況を聞かれる事情聴取、被害現場の確認、被害状況を再現する捜査などがあります。
ただし、状況に応じて、犯人が逮捕される場合と逮捕されない場合があります。
犯人が見つかって、起訴された場合には、刑事裁判が行われます。
犯人が争っている場合は、被害者が法廷で証言しなければならない場合もありますが、裁判では、被害者の名前は伏せられます。被害者の顔は傍聴席や犯人から見られないような措置も取られます。
なお、任意の交渉や民事調停、民事訴訟などで、犯人に対して慰謝料や治療費等を請求できることがあります。

加害者の責任能力に問題がある場合

加害者に精神疾患がある場合、その程度に応じて、罪が成立しなかったり罪が軽くなったりする場合があります。「責任能力」といわれるものです。その場合でも、被害者はさまざまな支援が受けられます。警察やワンストップ支援センター、弁護士などに相談してください。

[刑法] 第176条　強制わいせつ

わたしのからだは立入禁止 ➡ P.118

[刑法] 第178条　準強制わいせつおよび準強制性交等

お酒・薬・立場を利用してわいせつ行為 ➡ P.94

[刑法] 第179条　監護者わいせつおよび監護者性交等

先生にさわられた ➡ P.92

「あなたも悪いんじゃない？」

なにも知らないのに好き勝手言わないで

あなたを守る法律

刑法の一部を改正する法律案に対する附帯決議

政府および最高裁判所は、本法の施行にあたり、次の事項について格段の配慮をすべきである。

3　性犯罪に係る刑事事件の捜査および公判の過程において、被害者のプライバシー、生活の平穏そのほかの権利利益に十分な配慮がなされ、偏見に基づく不当な取り扱いを受けることがないようにし、二次被害の防止に努めるとともに、被害の実態を十分に踏まえて適切な証拠保全を図り、かつ、起訴・不起訴等の処分を行うにあたっては、被害者の心情に配慮するとともに、必要に応じ、処分の理由等について丁寧な説明に努めること。

セカンドレイプになりうる発言

性犯罪、性暴力の被害者に対し、加害者や第三者が「被害者にも責任がある」といった意味のことを言ったり、言葉にしなくても好奇の目で見たりすることで、さらなる心理的・社会的ダメージを与えることを「セカンドレイプ」といいます。この名称は、性犯罪の被害（一次被害）を受けた被害者に対し、被害者の周りの人がさらなる被害（二次被害）を与えることからつけられました。

具体的には、以下のような言葉が、典型的なセカンドレイプと考えられます。

- 自分が誘ったんじゃないの？
- なぜ抵抗しなかったのですか
- どうしてそんな場所にいたのですか
- 殺されてないのだから、まだよかった
- 平気そうにみえますね
- あなたに隙があったのではないですか
- 早く忘れたほうがいいですよ
- そんな服装をしていたら襲われても仕方ない

このような発言が、被害者が助けを求めることをためらわせたり、被害から立ち直ることを遅らせたりしている現状があります。その実態から、セカンドレイプについて言及した附帯決議が成立しました。

また、被害者側に立った報道や、犯人を批判する接し方であっても、事件を話題にされること自体が、被害者にとっては苦痛に感じられ、セカンドレイプになるケースも少なくありません。

セカンドレイプ自体に刑罰が科せられることは、通常はありません。ただし、よほどの侮辱や中傷があれば侮辱罪や名誉毀損罪が成立する余地があります。この場合、**セカンドレイプという二次的な加害行為であると同時に、別の加害行為にあたるということです。**また、民事上の慰謝料請求なども考えられます。

度を超した悪口、うわさ話 ➡ P.54

附帯決議とは

法律をつくるときに国会がつける、法律の運用についての意見・要望です。

後悔するかもしれない思い出は残さない

あなたを守る法律

リベンジポルノ防止法 第1条　目的

この法律は、私事性的画像記録の提供等により私生活の平穏を侵害する行為を処罰するとともに、私事性的画像記録に係る情報の流通によって名誉、または私生活の平穏の侵害があった場合におけるプロバイダ責任制限法の特例および当該提供等による被害者に対する支援体制の整備等について定めることにより、個人の名誉および私生活の平穏の侵害による被害の発生、またはその拡大を防止することを目的とする。

「私事性的画像記録の提供等による被害の防止に関する法律」とは、一般的に「リベンジポルノ防止法」と呼ばれている法律です。

2013年、女子高生が元交際相手の男に殺害された事件がありました。このとき男は、女子高生との交際中に手に入れた女子高生の性的な動画や画像をインターネットに流していました。それがきっかけで、2014年に成立した法律です。

この法律が禁止しているのは、「私事性的画像記録」「私事性的画像記録物」を「提供する等」の行為です。

「私事性的画像記録」とは、性的な画像が撮影されたデータで、「私事性的画像記録物」とは、性的な画像が撮影された写真などのことです。「私事」なので、販売されているアダルトビデオなどのように、多くの人に見せる前提で撮影に同意しているものは対象外です。

「提供する等」とは、映っているのがどこの誰か、見た人がわかる方法で、その動画や画像を公開したり、人に提供したりすることです。最大で3年以下の懲役または50万円以下の罰金が科されます。

この法律は公開の手段を限定していません。相手の「私事性的画像記録」を拡散させるつもりで知人に提供する行為も処罰対象です。

また、名誉を貶めるという点で名誉毀損罪、「写真をばらまくぞ」と脅す行為は脅迫罪など、ほかの犯罪も成立する可能性があります。

被害を最小限にとどめるには、早急な対応が重要です。被害に気づいたら、一刻も早く警察に相談に行きましょう。

まずやるべきことは、その投稿を削除させることです。リベンジポルノ防止法により、発信者に削除の問い合わせをしてから2日たっても「削除に同意しない」という回答がない場合は、プロバイダが削除できるようになりました。しかし公開されているのが海外のサーバーであったりすることもあり、100％完璧に削除するのは難しいのが現実です。

なお、刑事責任や民事責任を追及するためには、投稿自体をスクリーンショットなどで保存するのがよいです。

立件が難しいケースでも、警察がサーバー管理者などに警告をしてくれる場合がありますので、諦めずに相談しましょう。

適切なケアが回復のカギ

性被害にあうことは、とてもつらいことです。その影響は、心身にさまざまな症状となって現れます。

事件のことを突然思い出して情緒不安定になったり、そうかと思えば事件が他人事のように感じられて、感情が麻痺することもあります。食欲がなくなったり、夜眠れなくなったり、人に会うのが怖くなって学校や会社に行けなくなる人もいます。自信を失って、自分に価値がないと感じ、自殺願望が高まってリストカットなどをしたり、自分を大事にする気持ちがなくなっていろんな人と性行為を繰り返す人もいます。逆に、男性全般が怖くなり、男性と話ができなくなる人もいます。うつ病やPTSD（心的外傷後ストレス障害）を発症したり、アルコール依存症になったり、薬物乱用に走る人もいます。それほどつらいことに巻き込まれたのです。

心のケアの必要性

適切なケアを受けることで、時間がかかっても必ず回復に向かいます。なかなか被害前の生活に戻れなかったり、前向きな気持ちになれなかったり、学校や会社に行けなかったりするのは、被害者の精神力が弱いせいではありません。気合いでは治りません。専門家による治療を受けることは、被害前の自分に近づくためにとても重要です。

心のケアを支援する制度・機関

全国の都道府県に、被害者支援センターがあります。センターの臨床心理士が、無料でカウンセリングや専門的治療を行っています。まずは連絡を取ってみましょう。

また各都道府県に、性犯罪・性暴力被害者のためのワンストップ支援センターもあります。ここは性犯罪・性暴力に関する相談窓口で、産婦人科医療やカウンセリング、法律相談などの専門機関と連携しています。

自分の子どもから性被害を打ち明けられたら……

絶対に怒らないことが重要です。子どもは勇気を出して親に打ち明けています。「そんな短いスカートをはいているから」など、子どもに落ち度があるような言い方はやめましょう。被害から時間が経過していても、「どうしていままで黙っていた

の？」と問い詰めないでください。また、「気のせいではないのか」「忘れたほうがいい」などと子どもが打ち明けた内容を否定する発言もやめてください。

まずは、「よく話してくれたね」とねぎらい、「あなたはなにも悪くないのだから、安心してね」と言ってあげてください。

そして、なにに困っているのか、体調などを尋ね、早めに一緒に警察や支援センターに相談に行きましょう。子どもが同意すれば、学校のスクールカウンセラーに相談してみるのもよいでしょう。

性被害の加害者が、自身のパートナーや知人友人であるなど、場合によっては親が動揺する場合もあります。その場合でも、「〇〇さんがそんなことをするはずない」などと、子どもが嘘をついていると決めつけるようなことは絶対に言わず、子どもの言い分に耳を傾けてください。

友だちから性被害を打ち明けられたら……

友だちのペースに合わせて、話をよく聞いてあげてください。心配かもしれませんが、事件のことを根掘り葉掘り聞かないでください。そして、ちゃんとご飯を食べられているか、眠れているかなど、体調を気遣ってあげてください。正義感が先走

り、「警察に行くべきだ」「泣き寝入りすると、犯人はまた別の人を襲う」「示談などもってのほか。裁判で徹底的に闘って」などの意見を述べるのは控えましょう。深く傷ついていて、警察に行くことを考えられない人もいます。また、自己肯定感が低下していたり、世の中の人がすべて敵に見えていたりしている場合もあります。「私は味方だよ」と伝え、友だちの気持ちに寄り添ってください。

内容をぼかしたとしても、打ち明けられた話をSNSや、ほかの友人、親など別の人に話すこともやめましょう。被害にあった友人の了解がないかぎり、自分だけの胸にしまってください。

交際相手から性被害を打ち明けられたら……

性被害にあうと、それまでと同じような交際を続けられなくなることも少なくありません。キスや性交渉に拒絶反応を示すこともありますが、それは性被害にあった人に多くみられる症状です。「自分は加害者とは違う」「守ってあげたいのに、なぜ自分を受け入れないのだ」などと責めないでください。カウンセリングに付き添ったり、ゆっくりと話を聞いたりして、気持ちに寄り添うようにしましょう。

興味ないからこっちにこないで

あなたを守る法律

〔軽犯罪法〕第1条

（略）該当する者は、これを拘留、または科料に処する。

5 　公共の会堂、劇場、飲食店、ダンスホールその他公共の娯楽場において、入場者に対して、または汽車、電車、乗合自動車、船舶、飛行機その他公共の乗り物の中で乗客に対して著しく粗野、または乱暴な言動で迷惑をかけた者

28 　他人の進路に立ちふさがって、もしくはその身辺に群がって立ち退こうとせず、または不安、もしくは迷惑を覚えさせるような仕方で他人につきまとった者

ナンパされてつきまとわれ、無視すると「ブス！」「ババア！」などと暴言を吐かれたり、暴力を振るわれたりした。

一人でカラオケを楽しんでいたら知らない男性が入ってきて出て行ってくれない。

不快で迷惑を感じるつきまといは軽犯罪法違反の疑いが強いです。警察が対処してくれますので、怖いと思ったらその場で110番しましょう。カラオケボックスの中なら、店員を呼びましょう。もちろん、いきなり110番してもかまいません。

あまりにしつこいナンパは軽犯罪法第1条第1項第28号、「一人カラオケ」の邪魔は軽犯罪法第1条第1項第5号にあたる可能性があります。暴言を受ければ侮辱罪、暴力を受ければ暴行罪、傷害罪などになる場合があります。

110番での伝え方

しつこいナンパで困ったら、ためらうことなく110番へ通報しましょう。それほど被害を受けていると感じなくても「大きな被害を受けそう……」と不安を感じたら「110番」をしてよいです。

110番につながったら「事件ですか？　事故ですか？」と聞かれますので、「事件です。いま○○にいるのですが、知らない男性につきまとわれて、犯罪の被害にあうのではないかと不安です。警察官を向かわせてください」などと伝えましょう。たいていの場合、通報しただけで相手は逃げ出します。

相手が逃げていったら、そのことを110番か、駆けつけた警察官に伝えればOKです。

[刑法] **第204条　傷害**
人の身体を傷害した者は、15年以下の懲役、または50万円以下の罰金に処する。

[刑法] **第208条　暴行**
暴行を加えた者が人を傷害するに至らなかったときは、2年以下の懲役、もしくは30万円以下の罰金、または拘留、もしくは科料に処する。

[刑法] **第231条　侮辱**
事実を摘示しなくても、公然と人を侮辱した者は、拘留、または科料に処する。

子どもに対する責任は必ずはんぶんこ

(母体保護法) **第14条　医師の認定による人工妊娠中絶**

1　都道府県の区域を単位として設立された公益社団法人たる医師会の指定する医師は、次の各号の一に該当する者に対して、本人および配偶者の同意を得て、人工妊娠中絶を行うことができる。

①妊娠の継続、または分娩が身体的、または経済的理由により母体の健康を著しく害するおそれのあるもの

②暴行、もしくは脅迫によって、または抵抗、もしくは拒絶することができない間に姦淫されて妊娠したもの

2　前項の同意は、配偶者が知れないとき、もしくはその意思を表示することができないとき、または妊娠後に配偶者がなくなったときには本人の同意だけで足りる。

中絶にはタイムリミットがある

人工妊娠中絶手術は自由に受けられるわけではありません。日本では母体保護法という法律で、どんなときに手術を受けられるかが定められています。

まず、母体を考えたときに、妊娠し続けることや分娩が困難な場合、経済的に難しい場合、また暴行や脅迫によって、性交を抵抗したり拒絶したりできなかった場合です。

母体の負担を減らすためにも、人工妊娠中絶手術は妊娠初期（12週未満）までに受けることが望ましいとされます。

ただし、時期が早すぎると胎児が小さすぎて手術できない場合もあります。

妊娠初期と、それ以降とでは手術方法が異なります。

妊娠初期は掻爬法（内容物をかきだす方法）か吸引法（器械で吸い出す方法）で手術をします。

体調などに問題がなければその日のうちに帰宅できます。

妊娠中期（12週〜22週未満）では、人工的に流産させる方法を取ります。

子宮口を開く処置を行った後、子宮収縮剤で人工的に陣痛を促し流産させます。

個人差はありますが、数日間の入院も必要です。

妊娠12週以降に中絶手術を受けた場合は役所に死産届を提出し、胎児の埋葬許可証をもらう必要があります。

妊娠後期（22週以降）は、妊婦からの申し出による中絶手術をすることはできません。

中絶手術はほとんどの場合、健康保険の適用にはなりません。妊娠週数が進むにつれて、身体的にも金銭的にも負担が大きくなります。中絶を選択する場合は、できるだけ早く決断したほうが負担が少ないでしょう。

CASE

中絶は女性ばかりに負担がかかって不公平。相手に慰謝料などは請求できる？

女性が性行為にも中絶にも同意した場合は違法行為がないため、原則として慰謝料の請求はできません。ただし、中絶にあたって男性の態度が誠実でない場合などは、慰謝料を請求できる可能性もあります。また、中絶費用も請求できる可能性があります。どちらにしても、法的手続きを取るには時間も費用もかかるので、まずは相手とよく話し合ってみましょう。

ANSWER

事例
CASE

交際中の彼との性交渉で妊娠して出産を決意。相手は、出産は承諾したものの、結婚も認知もしないという。認知させる方法はある?

ANSWER

強制的に認知させるには、「認知の訴え」を起こすことができますが、裁判の前に調停を申し立てる必要があります。

解説

未婚の場合、父親になるには"認知"が必要

結婚していない男女の間に生まれた子どもは、出産という事実があるので誰が母親かは明らかですが、法律上は父親が明確ではありません。

その場合、生まれた子どもが自分の子どもであると父親が認める(認知)ことで、法律上の父親が定まることになります。**認知が行われると、父親とその子どもとの間に法律上でも父子関係が生じます。**

法律で親子間には扶養義務が定められています。子どもが経済的に自立していない未成熟子の場合、親はその子どもを扶養する義務を負うことになります。

父親が自ら認知をすることを「任意認知」といい、裁判所への認知の訴え(民法第787条)によって認知を求めることを「強制認知」といいます。

ただし、**認知の訴えの前には必ず家庭裁判所に対して認知する調停の申し立てが必要です**(調停前置主義、家事事件手続法第257条)。これは、「家族のことは、裁判で争う前にまずは話し合いをすることが重要」と考えられているためです。調停で相手が認知に応じなかったときに、認知の訴えを起こすことになります。

関連条文

[民法] **第766条　離婚後の子の監護に関する事項の定め等**
1　父母が協議上の離婚をするときは、子の監護をすべき者、父、または母と子との面会およびその他の交流、子の監護に要する費用の分担その他の子の監護について必要な事項は、その協議で定める。この場合においては、子の利益を最も優先して考慮しなければならない。
2　前項の協議がととのわないとき、または協議をすることができないときは、家庭裁判所が、同項の事項を定める。

[民法] **第787条　認知の訴え**
子、その直系卑属、またはこれらの者の法定代理人は、認知の訴えを提起することができる。ただし、父、または母の死亡の日から3年を経過したときは、この限りでない。

[民法] **第788条　認知後の子の監護に関する事項の定め等**
第766条の規定は、父が認知する場合において準用する。

結婚していない彼との間に子どもが生まれた。彼は認知しているが養育費は払わないと言う。子どもの養育費は、結婚しなければ請求できない？

結婚していなくても、認知していれば請求できます。彼と話し合っても支払ってくれない場合は、家庭裁判所に調停を申し立てることができます。調停で話し合いがまとまらない場合は裁判所に養育費を支払う審判を出してもらいます。

ANSWER

交際していた彼氏が突然亡くなってしまい、その後に妊娠が発覚。産みたいけど、父親を彼にすることはできる？

「死後認知」という制度があります（民法第787条）。
父の死後3年以内に、家庭裁判所に提訴します。父は亡くなっているので、検察官が被告になります（人事訴訟法第12条3項）。その訴訟では、父と子に血縁的な親子関係があるかどうかを審理します。親子関係の有無は、主に、生きている関係者のDNA鑑定で行います。親子関係が認められると、戸籍に父親として記載され、子は相続を受けることができます。

ANSWER

父親がわかったが、すでに亡くなっていた場合

「ずっと父を知らずに育ち、父が亡くなってから初めて誰が父親かわかった」という場合でも、死後認知を求めることができます。この場合、父が亡くなってから3年以上経過していても、亡くなったことを知ってから3年以内であれば、請求できることがあります。

（人事訴訟法）第12条　被告適格
1　人事に関する訴えであって当該訴えに係る身分関係の当事者の一方が提起するものにおいては、特別の定めがある場合を除き、他の一方を被告とする。
2　人事に関する訴えであって当該訴えに係る身分関係の当事者以外の者が提起するものにおいては、特別の定めがある場合を除き、当該身分関係の当事者の双方を被告とし、その一方が死亡した後は、他の一方を被告とする。
3　前2項の規定により当該訴えの被告とすべき者が死亡し、被告とすべき者がないときは、検察官を被告とする。

イヤよイヤよは本当にイヤ

性的行為を行う場合、お互いが性的行為を行いたい、という積極的な気持ちを抱いていることが重要です。セクシャル・コンセントとは、二人の間に同意があることを確認することです。同意のない性的行為は、性暴力と考えられています。

恋人どうしや夫婦であっても、そのような気持ちになれない日があるのは当然です。そのようなときに、一方的に性的行為をすることは、愛情を高めることにはなりません。相手の身体を物として扱うことになり、尊厳を傷つける行為にもなってしまいます。

インターネット上でセクシャル・コンセントについて解説した動画が話題になりました。性行為を「お茶」にたとえた海外の動画です。この動画ではこのように説明します。

「"お茶はいりません、コーヒーが飲みたいです"と言った人に、あなたはお茶を無理やり飲ませる権利はありません」「あなたは意識を失った人にお茶を無理やり飲ませてはいけません（それより安全を確保しましょう）」「一度はお茶を飲みたいと答えたけれど気が変わって"やっぱりお茶は欲しくありません"と言った相手でも、無理やりお茶を飲ませてはいけません」

二人でお酒を飲みに行ったとしても、それは性的行為の同意ではありません。男性の家にあがったからといって、性的行為を同意したことにはなりません。そこを都合よく「同意があった」と解釈して無理に性的行為を行うことは、性暴力です。

同意のない性的行為は、強制性交等罪や強制わいせつ罪などの刑法違犯や、痴漢などの条例違反にあたる可能性があります。

しかし、誰もが面と向かって「嫌です」と拒絶の意思表示をできるわけではありません。特に日本には「以心伝心」という言葉があるように、「言わなくてもわかるはず」という文化があります。性教育も不十分であり、性的な議論をタブー視する風潮もあります。

しかし、性的行為は人間の尊厳そのものに関わる重要な行為です。一人ひとりが、他者の身体とは、誰かが勝手に侵犯してよい領域ではないという意識を持ちたいものです。

SNS
インターネット

のトラブルと法律

Social Networking & Internet

画面の向こうで悲しんでいる人がいる

あなたを守る法律

(プロバイダ責任制限法) **第1条　趣旨**

この法律は、特定電気通信による情報の流通によって権利の侵害があった場合について、特定電気通信役務提供者の損害賠償責任の制限および発信者情報の開示を請求する権利につき定めるものとする。

インターネットは「公共の場」

インターネットやSNSのおかげで、自分の意見を発信して、多くの人と意見を共有したり、議論をしたりして、知識を高めたり、人間関係を広げることが容易にできるようになりました。

さらに、社会的な問題などに対して、みんなが意見を表明することで、それらの改善を促すことも起こるようになりました。

しかしそうした力を持つことには、責任が伴います。**「発言・発信の自由を持つ」ということは、同時に「限度を超えてむやみに使わない、つまり濫用してはいけない」という義務を負うということでもあります。**

SNSによって人々が得た力は、使い方によっては、誰かを傷つけるものにもなります。

匿名で簡単に、誰かを中傷することも、嫌がらせをすることもできてしまいます。そのようにSNSを誰かを傷つける目的で使用した人の身元が特定され、警察の捜査対象とされたり、民事で損害賠償を請求されたりする事案も少なからず発生しています。

インターネット上に投稿された内容は、多くの場合、世界中の誰もが見られる状態に置かれます。検索すれば、誰もが簡単にそれを発見することもできます。インターネット上の投稿は、それが公開されているかぎり、「公共の場」での発言です。**対面での発言と同じくらいの慎重さが必要です。**

CASE

SNSの匿名アカウントを使って、誰かを「ディス」る。

「ディスる」内容によっては、侮辱罪や名誉毀損罪などの犯罪に該当する可能性があります。匿名アカウントでも、相手が「発信者情報の開示請求」を行うことで、ディスった者の氏名・住所を特定できる場合があります。その結果、民事で慰謝料請求をされたり、警察に摘発されるケースも実際に起きています。

ANSWER

度を超した悪口、うわさ話 ➡ P.54

[刑法] 第231条　侮辱

事実を摘示しなくても、公然と人を侮辱した者は、拘留、または科料に処する。

コンビニでのバイト中、暇な時間に、揚げ物を作るフライヤーを使って、消しゴムや噛んだガムなどいろんなものを天ぷらにして遊んでいた。おもしろかったので、その様子を動画にしてSNSに投稿したところ、「炎上」してバイト先の会社に抗議・批判が殺到した。

ANSWER

店舗などが特定されると、店舗が営業できなくなるなど、バイト先に多大な被害を与え、賠償請求をされるおそれがあります。また偽計業務妨害罪（刑法第233条）により刑事罰を受ける場合もあります。

悪ふざけでバイト先が閉店、倒産

飲食店や小売店のアルバイトスタッフが、商品や店舗の設備などを使って悪ふざけを行い、その様子を収めた不適切動画がSNSで拡散され、「炎上」するという事件がたびたび起きています。いわゆる「バイトテロ」といわれる行為です。

その内容は不衛生な行為であることも多く、その結果、現場となった店舗が閉鎖・閉店に追い込まれたり、運営企業が倒産したりするなどの多大な被害が生じています。

このような悪ふざけが、ただのいたずらで済まされてはならないでしょう。不適切動画を投稿した人は、店舗設備のクリーニング代や交換費用、閉鎖や閉店の期間に見込まれた売上金額など、巨額の損害賠償請求を受ける可能性があります。

また、事案によっては「偽計業務妨害罪」などで警察に立件されるケースもあります。

偽計業務妨害罪とは、人を欺いたり、人の信頼を裏切ったりする行為（錯誤）で他人の業務を妨害する罪です。

実際に、飲食店アルバイトの少年ら投稿した不適切動画が「炎上」した事案では、店舗の衛生管理について誤解を招くような動画を公開して業務を妨害したことから、「偽計業務妨害」の容疑で書類送検されています。

[刑法] 第233条　信用毀損および業務妨害

虚偽の風説を流布し、または偽計を用いて、人の信用を毀損し、またはその業務を妨害した者は、3年以下の懲役、または50万円以下の罰金に処する。

CASE

社外秘のスタンプの押された資料を渡された。その書類は公表前の新商品の企画書だった。おもしろそうだったので、思わずSNSに投稿したくなったがやめた。もしこの情報をSNSに投稿していたら、どうなっていたのだろう？

資料に記載されていた情報は、会社の「営業秘密」に該当するものと考えられます。もし、会社に損害を与えるなどの目的で資料を公開すれば、営業秘密侵害罪に該当し、処罰を受ける可能性があります。

ANSWER

会社にダメージを与えるつもりがあったか？

自分が利益を得るため、またはその営業秘密の所有者に損害を与えるために、営業秘密を外部に公開することなどは、不正競争防止法に違反する犯罪として処罰されます（営業秘密侵害罪）。

営業秘密とは、会社の事業に関する情報で、以下にあてはまるものです。

- 秘密として社内で管理されている（秘密管理性）
- 事業に有益な情報である（有用性）
- 一般には知られていない（非公知性）

事例のように「社外秘のスタンプが押された（秘密管理性）」「新商品に関する情報（有用性）」で「公表前の（非公知性）」のものは、営業秘密である可能性が高いといえます。

もっとも、営業秘密侵害罪にあたるには、不正によって利益を得たり、会社にダメージを与えたりすることが目的である必要があります。そのような目的がなければ不正競争防止法に違反するとはいえません。

しかし、新商品の情報が公表前にリークされる事態になれば、それだけでも騒ぎになりかねません。宣伝戦略や施策にも多大な影響が生じるでしょう。それゆえ、偽計業務妨害罪による処罰を受ける可能性は高いと考えられます。

（不正競争防止法）**第21条　罰則**（一部抜粋）

次の各号のいずれかに該当する者は、10年以下の懲役、もしくは2000万円以下の罰金に処し、またはこれを併科する。

⑤営業秘密を営業秘密保有者から示されたその役員、または従業者であって、不正の利益を得る目的で、またはその営業秘密保有者に損害を加える目的で、その営業秘密の管理に係る任務に背き、その営業秘密を使用し、または開示した者。

度を超した悪口、うわさ話

言葉の刃はお届け不要

あなたを守る法律

刑法 第230条　名誉毀損

1　公然と事実を摘示し、人の名誉を毀損した者は、その事実の有無に
かかわらず、3年以下の懲役、もしくは禁錮、または50万円以下の罰金
に処する。
2　死者の名誉を毀損した者は、虚偽の事実を摘示することによってし
た場合でなければ、罰しない。

刑法 第231条　侮辱

事実を摘示しなくても、公然と人を侮辱した者は、拘留、または科料に
処する。

学校の裏サイトに、私のことを「うざい」「きもい」と中傷する内容や、「援交をしている」など事実ではないうわさが書き込まれた。

サイトに問い合わせフォームなどがあれば、まずそこに状況を記載して削除を求めてみましょう。

法的措置を取るなら、まずは中傷やうわさを、証拠として保全する必要があります。そのうえで、裏サイトを運営している管理者に、中傷やうわさの削除を求めることができます。

中傷の相手を特定するには ➡ P.58

愚痴や悪口、噂話なども、度が過ぎれば名誉毀損罪や侮辱罪に該当します。

まず名誉毀損罪は、以下の条件を満たす場合に成立します。
① 「公然と」……大勢の人の前などで
② 「事実を適示して」……「本当の事実」や「虚偽の事実」を示して
③ 「人の社会的評価を低下させた」……世間や周囲からの評価を下げた

ここでいう「事実」は、その内容が本当かどうかは関係ありません。そのため、嘘の内容でも名誉毀損罪の要件にあてはまります。

侮辱罪は、名誉毀損罪と同様「公然と」「人の社会的評価を低下させる」ことですが、名誉毀損罪とは異なり、「事実を摘示」せずに悪口を言った場合などに成立します。

	名誉棄損罪	侮辱罪
条文	刑法第230条	刑法第231条
事実の適示	必要（事実が嘘か本当かは関係ない） 例）「不倫している」「横領している」	不要（事実でない「悪口」「罵詈雑言」） 例）「給料泥棒」「無能」「ブス」「バカ」
公然と	必要	
社会的評価の低下	必要	
違法性が 認められない条件	・公共の利害に関係する事実で公益目的のみのため（かつ） ・真実であるか真実と信じた十分な根拠がある	特別な定めなし

密室でも「公然と」になる

二人きりの会議室で相手を罵倒するなどの場合は「公然と」にあたりません。
しかし二人きりであっても、聞いた人が第三者に伝えることが明らかなのに、その場にいない他人の悪口を伝えれば、「公然と」に該当する場合があります（伝播可能性）。

事例

CASE

就活中の学生。無事内定は出たものの、あまり満足していない会社。思わず「サービス残業多いブラック」「セクハラあるらしい」など、内定先の会社の悪口を会社名を出してSNSに投稿。もしこの投稿が内定先にバレたら問題になる？

ANSWER

SNSでこのような会社の悪口を書き込むと、名誉毀損に該当します。書き込んだのがあなたと特定されれば、内定先企業の判断次第で内定の辞退を求められたり、内定が取り消されたりする可能性があります。

解説

SNSバレで内定取り消し

内定とは、開始時期の定められた解約権留保つきの雇用契約です。雇用契約なので、会社は簡単に解除（内定取り消し）はできませんが、入社までにやむをえない事由が発生した場合には内定を取り消されることがあります。たとえば、学校を卒業できなかったり、犯罪行為で逮捕されたりなどした場合です。

事例のような書き込みは、内定先企業に対する名誉毀損行為にあたる可能性が高いものです。
もっとも、この書き込みだけで、法的に内定取り消しが認められるかは微妙なところです。裁判になれば「内定取り消しは重すぎる」との判断が裁判所から下される余地もあります。

しかし法的に内定取り消しが認められなかったとしても、内定先企業がこの書き込みを発見し、書き込んだ人を特定すれば、なんらかのトラブルになる可能性は高いでしょう。
匿名アカウントであっても完全な匿名はありえません。「発言には責任を伴う」ということを意識する必要があります。

会社の取引先に苦手な人がいる。ストレス発散に、その人の悪口を盛大にSNSに投稿していた。自分の名前を明かさない匿名アカウントで、相手の実名も出していなければバレても犯罪にならない？

匿名アカウントで、なおかつ相手の実名も出していないとすれば、名誉毀損罪や侮辱罪などの犯罪が成立したり、慰謝料を請求されたりする可能性は低いと考えられます。
しかし匿名アカウントであっても、その持ち主の個人情報が特定されて、インターネット上で晒される場合もあります。内容によっては、重大なトラブルを引き起こしてしまう可能性もあります。

誰のことかわからないようにしていればセーフ？

名誉毀損罪や侮辱罪という犯罪は、その投稿をした人が、「相手の名誉を毀損してやろう」という「故意（わざと）」または「相手が特定されて相手の名誉が毀損されてもかまわない」といった「未必の故意」がなければ成立しません。

慰謝料請求するにも、投稿した人に「故意」か「過失」があることが必要です。相手が誰かわからない表現で書き込みを行っていれば、相手の社会的評価を下げようという「故意」や「未必の故意」「過失」があるとは認められにくいと考えられます。

万が一、投稿を見たほかの人が、悪口の相手を特定してネットで晒すことがあっても、刑罰を受けたり慰謝料を請求されたりする可能性は高くありません。

もっとも、裁判などの法的手続きでは、故意があるかどうかは書き込んだ内容から総合的に判断されます。外見について書くなどして、悪口の相手が誰か、読んだ人が想像つく表現であれば、故意があると認められてしまう場合もあります。

カフェに行ったらサービスが最悪。あまりにも腹が立つからSNSで悪い感想を書き込んだら、バズってしまった。誹謗中傷になる？

内容によっては名誉毀損罪にあたる場合があります。
少なくとも、ひどい悪口を書き込むと、トラブルに巻き込まれる可能性もあることを念頭に置いておきましょう。苦情は直接そのお店に伝えるのがよいでしょう。

誹謗中傷への対応は、大きく分けて2つあります。

①削除請求……匿名掲示板やサイトの管理者に対して書き込みの削除を求める

②発信者情報開示請求……書き込んだ人物を突き止めて、その人物に損害賠償請求などをする

まずは削除依頼フォームなどの問い合わせ窓口を通じてサイトやSNSの運営者、管理者に、問題の書き込みの削除を求めるという方法があります。

しかし、それでもサイト側が削除しない場合は、サイトを運営している会社に対して書面を送って削除を求めます。

それでもだめなら、裁判所に訴えることで削除を求めることになります。

また、警察に被害を訴えるほか、加害者を特定して民事上の損害賠償請求を行うこともできます。

誹謗中傷の相手を特定する「発信者情報開示請求」

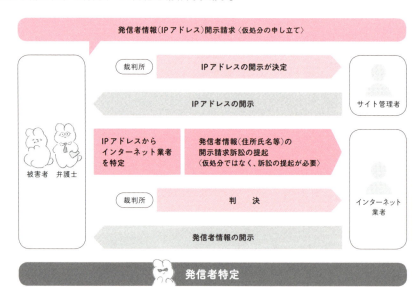

発信者情報（IPアドレス）開示請求〈仮処分の申し立て〉

| 裁判所 | IPアドレスの開示が決定 | サイト管理者 |

IPアドレスの開示

| 被害者 弁護士 | IPアドレスからインターネット業者を特定 | 発信者情報（住所氏名等）の開示請求訴訟の提起〈仮処分ではなく、訴訟の提起が必要〉 | |

| 裁判所 | 判 決 | インターネット業者 |

発信者情報の開示

発信者特定

加害者を特定するには、裁判所に対し、運営会社などを相手取って「発信者情報開示」の仮処分の申し立てや訴訟を提起します。この「発信者情報開示」は「プロバイダ責任制限法」に定められているもので、「自己の権利を侵害された者」が、運営会社やインターネット・サービス・プロバイダ（ISP）など一定の事業者に対し、投稿や書き込みをした者の個人情報を開示するように、裁判所から命じてもらう手続きです。

匿名アカウントは被害にあっても守られない？

「匿名アカウント」が誹謗中傷などの被害を受けたときは、その相手に法的責任を問えるでしょうか？

というのも、匿名アカウントに対しての誹謗中傷は、その持ち主の「本人」に対するものではない、とも考えられるからです。匿名アカウントは、法的には保護しなくていいという考え方もありえます。

この問題にはまだ最高裁判所による判例はありませんが、加害者に法的責任を問える場合もあると考えられます。

なぜならば、その行為が名誉毀損をされたアカウントの「社会的な評価」を低下させるからです。SNSなどの限定された「世界」でも、そのアカウント自体の評価はあり、その評価は「社会的な評価」といえる可能性があります。アカウントの「社会的な評価」が低下すれば、そのアカウントを使った活動に差し障りが生じるなど、「本人」にとって実害が発生する場合もあるからです。

最高裁判所ではありませんが、実際に匿名アカウントに対する名誉毀損を認めた裁判例もあります。

刑法 第230条の2　公共の利害に関する場合の特例

1　前条第1項の行為が公共の利害に関する事実に係り、かつ、その目的が専ら公益を図ることにあったと認める場合には、事実の真否を判断し、真実であることの証明があったときは、これを罰しない。

2　前項の規定の適用については、公訴が提起されるに至っていない人の犯罪行為に関する事実は、公共の利害に関する事実とみなす。

3　前条第1項の行為が公務員、または公選による公務員の候補者に関する事実に係る場合には、事実の真否を判断し、真実であることの証明があったときは、これを罰しない。

民法 第723条　名誉毀損における原状回復

他人の名誉を毀損した者に対しては、裁判所は、被害者の請求により、損害賠償に代えて、又は損害賠償とともに、名誉を回復するのに適当な処分を命ずることができる。

プロバイダ責任制限法 第4条　発信者情報の開示請求等

1　特定電気通信による情報の流通によって自己の権利を侵害されたとする者は、次の各号のいずれにも該当するときに限り、当該特定電気通信の用に供される特定電気通信設備を用いる特定電気通信役務提供者に対し、当該開示関係役務提供者が保有する当該権利の侵害に係る発信者情報（氏名、住所など）の開示を請求することができる。

　①侵害情報の流通によって当該開示の請求をする者の権利が侵害されたことが明らかであるとき。

　②当該発信者情報が当該開示の請求をする者の損害賠償請求権の行使のために必要である場合その他発信者情報の開示を受けるべき正当な理由があるとき。

ネットやSNSで脅された

画面の中の凶器

あなたを守る法律

[刑法] **第222条　脅迫**

1　生命、身体、自由、名誉、または財産に対し害を加える旨を告知して人を脅迫した者は、2年以下の懲役、または30万円以下の罰金に処する。
2　親族の生命、身体、自由、名誉、または財産に対し害を加える旨を告知して人を脅迫した者も、前項と同様とする。

CASE

SNSで有名人に対して否定的な投稿をしたところ、そのファンから批判のコメントやメッセージが殺到。中には「必ず殺す」などの文言もあった。

ANSWER

「必ず殺す」と書かれたメッセージは「生命に害を加える旨を告知して脅迫する」行為に該当し、刑法上の脅迫罪が成立します。警察への被害届の提出や、民事上の損害賠償や慰謝料の請求などを検討する余地があります。また、SNSの運営会社へ「報告」すれば、脅迫してきた人のアカウントを凍結できる場合があります。

「害悪の告知」とは？

「脅迫」とは生命、身体、自由、名誉または財産に対して、害を加える旨を伝えて脅す行為です。これを、「害悪の告知」といいます。**「○○されたくなければ××しろ！」といった具合に、金銭や行為を要求しなくとも成立します。**
害悪の告知には、「殺す」「刺す」「家に火をつける」「デマを流す」「個人情報を晒す」などがあります。

「訴える」「法的措置を取る」「裁判を起こす」などと言われたら？

これらの場合は通常、脅迫にはあたりません。これらの行動は本来、正当に行使しうる権利で、「害悪の告知」ではないからです。
ただし、実際に訴えるつもりがないのにそのように言うと、脅迫罪になるケースがあります。

SNSでの脅迫に法的措置を取るには、準備が必要です。脅迫する言葉が書かれたメッセージや投稿と、それらを送ってきたアカウントがわかるよう、スクリーンショットや印刷などをしておきます。
準備をしたら、警察署へ電話をして相談したい内容を告げれば、すべきことを指示してくれます。その指示に従って、必要な資料の提出や説明を行います。

民事上の損害賠償請求を行うには、SNSやウェブサイトの運営者を相手とする発信者情報開示請求を行います。開示によって脅迫者の氏名・住所がわかれば、裁判ができます。

脅迫の相手を特定するには ➡ P.58

見たくないものを見せないで

あなたを守る法律

[刑法] **第175条　わいせつ物頒布等**

1　わいせつな文書、図画、電磁的記録に係る記録媒体その他の物を頒布し、または公然と陳列した者は、2年以下の懲役、もしくは250万円以下の罰金、もしくは科料に処し、または懲役および罰金を併科する。電気通信の送信によりわいせつな電磁的記録その他の記録を頒布した者も、同様とする。

2　有償で頒布する目的で、前項の物を所持し、または同項の電磁的記録を保管した者も、同項と同様とする。

わいせつ画像を不特定または多数に対して送った場合には「わいせつ物頒布罪」が成立します。「不特定」とは、たとえばランダムに選んだ相手にわいせつな画像を送りつけた場合です。そのため、**頻度が1回だけ、理由が「おもいつき」などの場合でも「わいせつ物頒布罪」が成立します。**

また、ねたみ、恨みなどの悪意の感情を満たす目的で、性器が露出した画像などのわいせつな画像を繰り返し送り続けることは、各自治体が制定する迷惑防止条例が禁止する「つきまとい行為等」に該当します。

加害者を特定できた側は、慰謝料を請求できることがあります。

グロ画像の場合は？

正当な理由なく、特定の者に対するねたみ、恨みなど悪意の感情を満たすために繰り返し行っている場合は、各自治体が制定する迷惑防止条例の「つきまとい行為等」にあてはまります。

インターネットでわいせつ動画を生配信

ネットでのわいせつ動画の生配信は、不特定または多数の人が見ることのできるもので、公然性があると考えられ、公然わいせつ罪にあたりえます。録画したわいせつ動画を配信した場合は、わいせつ物頒布罪のほか、ストーカー規制法や迷惑防止条例にあたるなど、別の犯罪にも問われる可能性が考えられます。

東京都迷惑防止条例 **第5条　粗暴行為（ぐれん隊行為等）の禁止**

隠し撮り、のぞき見された ➡ P.114

東京都迷惑防止条例 **第5条の2　つきまとい行為等の禁止**

何人も、正当な理由なく、専ら、特定の者に対するねたみ、恨みその他の悪意の感情を充足する目的で、当該特定の者またはその配偶者、直系もしくは同居の親族その他、当該特定の者と社会生活において密接な関係を有する者に対し、不安を覚えさせるような行為であって、次の各号のいずれかに掲げるものを反復して行ってはならない。

1項5号　汚物、動物の死体その他の著しく不快、または嫌悪の情を催させるような物を送付し、またはその知り得る状態に置くこと。

1項7号　その性的羞恥心を害する事項を告げ、もしくはその知り得る状態に置き、その性的羞恥心を害する文書、図画、電磁的記録に係る記録媒体その他の物を送付し、もしくはその知り得る状態に置き、またはその性的羞恥心を害する電磁的記録その他の記録を送信し、もしくはその知り得る状態に置くこと。

いくらでも自分をよく見せられる空間

あなたを守る法律

出会い系サイト規制法 第1条　目的

この法律は、インターネット異性紹介事業を利用して児童を性交等の相手方となるように誘引する行為等を禁止するとともに、インターネット異性紹介事業について必要な規制を行うこと等により、インターネット異性紹介事業の利用に起因する児童買春その他の犯罪から児童を保護し、もって児童の健全な育成に資することを目的とする。

出会い系サイトやアプリでは、結婚につながるようなすてきな出会いをすることもあります。しかし同時に、性的被害やストーカー被害を受けたり、金銭トラブルや宗教、マルチ商法などの被害にあうケースも実際に起きています。

そのような被害から児童を守るため「出会い系サイト規制法（インターネット異性紹介事業を利用して児童を誘引する行為の規制等に関する法律）」が施行されています。

出会い系サイト規制法で禁止されているのは次の行為です。

- 出会い系サイトに、児童を性行為の相手として誘う書き込みをすること（第6条第1号）
- 出会い系サイトに、児童以外の者を、児童との性行為の相手として誘う書き込みをすること（第2号）
- 出会い系サイトに、児童を、性行為以外の異性交際（デート等）の相手として誘う書き込みをすること（第3号、第5号）
- 出会い系サイトに、児童以外の者を、児童との性行為以外の異性交際（デート等）の相手として誘う書き込みをすること（第4号、第5号）

児童の側も、以下のような書き込みを行うと違法になります。

- 「17歳です。異性とのデートのみ、性行為なし、高額報酬希望」
- 「一緒に食事をしてくれる方を探しています。交通費をお願いします」
- 「16歳の女の子です。お金に困っています。相談に乗ってもらえればデートします」

出会い系サイトやアプリの運営者（インターネット異性紹介事業者）は、以上のような書き込みを発見したときには、ただちに削除しなければなりません。

もしもあなたがこのような書き込みを見つけたときは、サイトの管理者や警察に通報することも考えましょう。

これは18歳未満の児童が性被害にあうのを防ぐ目的でできた法律です。**18歳以上の大人については、児童と同じように保護する法律は現在のところありません。**

思ってた人とぜんぜん違う！　に注意

SNSで知り合った人とやりとりする中で「いい人だな」と感じたとしても、実際に会ってみると印象がまったく違うことがあります。さらに、会ってからストーカー行為をされたり、交際を断ったのを逆恨みされて嫌がらせを受けたり、最悪の場合には性犯罪や命に関わる被害を受けたりすることも考えられます。ほかにも詐欺や新興宗教の勧誘、マルチ商法の勧誘にSNSを利用しようとする人もいます。SNSで知り合った人と実際に会うかどうかは、こうしたことも十分に考慮してから決めるようにしましょう。

盛れたわたしを見てほしくても…

[児童ポルノ禁止法] **第7条　児童ポルノ所持、提供等**（一部抜粋）

1　自己の性的好奇心を満たす目的で、児童ポルノを所持した者は、1年以下の懲役、または100万円以下の罰金に処する。

「児童買春、児童ポルノに係る行為等の規制および処罰並びに児童の保護等に関する法律」、いわゆる「児童ポルノ禁止法」では、児童ポルノとは「写真、電磁的記録に係る記録媒体その他の物であって、児童の姿態を視覚により認識することができる方法により描写したもの」としています（児童ポルノ禁止法第2条3項）。「児童の姿態」とはどんなものかというと、次のとおりです。

- 児童を相手にしている、または児童による性交や性交類似行為
- 他人が児童の性器等をさわる行為や児童が他人の性器等をさわる行為（性欲を興奮させ、または刺激するもの）
- 衣服の全部や一部を着けない児童の姿（ことさらに児童の性器やおしり、胸などを強調、露出しており、性欲を興奮させ、または刺激するもの）

「性欲を興奮させ刺激するもの」という但し書きがついているので、性欲を満たすために、わざわざ児童を全裸や下着姿にさせて、性器が見えるポーズなどを取らせた写真や画像データが「児童ポルノ」にあたります。
そのため、家族の団らんとして撮影した子どもと一緒にお風呂に入っている写真や、子どもの成長記録として撮影したプール遊びの動画などは児童ポルノになりません。

なお、「アニメ」「CG」については、児童ポルノではないと考えられています。
そのため、持っているアニメやCGなどで、児童が性欲を刺激するようなポーズをとっていても、処罰されることはありません。

表現の自由の限界 ➡ P.74

CASE 15歳の女の子。SNSで知り合った相手に裸の写真を送ったところ、その後、インターネットにその写真が流れていることがわかった。

すぐに警察に行って相談しましょう。インターネットに流れている画像を削除する手続きをしてくれる場合があります。
ただし、もうかなり広い範囲に出回ってしまっていて、削除しきれない場合もあります。その場合、誰かに「これはあなたでは？」と聞かれることがあるかもしれません。そのときは、「違う」と否定し続けるようにしてください。

「裸の写真を送って」と言われたら？

法律では、児童ポルノの所持、保管、提供、製造、運搬、輸出入、陳列が禁止されています。そのため、**「裸の自画撮りを送って」と依頼すること自体は罰することができません。**

しかし、未成年の女の子にそうした自画撮りを要求するのは悪質な行為です。最近では、自画撮りを求める行為を罰することのできる条例も作られはじめています。

この場合、児童ポルノを手に入れた人が「特定かつ少数」にそれを見せるのか「不特定かつ多数」に見せるのかによって罪の重さが変わります。不特定多数に見せるほうが罪は重くなります。

「自画撮り」とは、「自撮り」と同じ意味で使われることもあれば、性的な動画や画像を自ら撮影することに限って使われることもあります。

自撮りや自画撮り自体には問題はありませんが、それをSNSに投稿したり誰かに送ったりすることには、次のようなリスクがあります。

- 個人が特定されて、ストーカー被害や性被害にあう
- 留守がバレて空き巣に入られる
- 顔写真と裸の写真を合成して、ネットに流される
- 後日、「言うことを聞かないとばらまく」などの脅しに使われる
- アダルト関連サイトに売られてインターネットに流されたりする

これは、親しい間柄であっても起こりうることです。相手との関係が悪化したとき、相手がどのようにその写真を使うかはわかりません。

なお、顔にモザイクをかけるなどの加工をしても、後から外せる場合があります。安易に人に自画撮りを送らないようにしましょう。

関連条文

【東京都青少年の健全な育成に関する条例】**第18条の7　青少年に児童ポルノ等の提供を求める行為の禁止**

何人も、青少年に対し、次に掲げる行為を行ってはならない。

① 青少年に拒まれたにもかかわらず、当該青少年に係る児童ポルノ等の提供を行うように求めること。

② 青少年を威迫し、欺き、もしくは困惑させ、または青少年に対し対償を供与し、もしくはその供与の約束をする方法により、当該青少年に係る児童ポルノ等の提供を行うように求めること。

CASE 「来週から家族で海外旅行です」とコメントをつけて、友だちとカフェで撮った自撮り写真をSNSに投稿した。

ANSWER 自宅の周辺や、よく行く場所の写真をSNSに投稿することは、あなたの居場所を特定する手がかりを与えることになり、危険につながりかねません。使い方には注意が必要です。

自分が思っている以上の情報がバレる

SNSは「公共の場所」です。公開しているかぎり、誰もがその投稿を見ることができます。その中には、投稿から得られた情報を悪用しようとする人もいます。

SNSで自分の情報を投稿することは、個人情報を街中でばら撒くのと同じです。
自分が写っていなくても、写りこんでいる風景から、自宅やふだん立ち寄る場所などの位置情報を把握されてしまう危険もあります。制服であれば、学校は簡単に特定されてしまいます。

「家族で海外旅行」などと書くのは、家を留守にすることを世間に知らせることになり、空き巣に狙われやすくなります。
インターネット上に投稿された女性の写真を見て、瞳に写りこんだ風景からその女性の自宅を割り出し、自宅に侵入して強制わいせつの被害を与えたという事件も発生しています。
写真だけでなく、自身についてのなにげないさまざまな書き込みから、住所、職場、経歴などが特定され、インターネット上で晒されるというケースもあります。

このような危険を回避するために、閲覧できる人を限定することも一つの方法です。しかし閲覧できる人があなたの個人情報を拡散するおそれも否定できません。
自分が意図した以上の情報を他者が特定して悪用するかもしれないという意識を持つ必要があります。

ラブレターを晒されてひやかされた

「好き」を伝えたかったのはあなただけ

あなたを守る法律

(憲法) **第13条　個人の尊重**

すべて国民は、個人として尊重される。生命、自由および幸福追求に対する国民の権利については、公共の福祉に反しない限り、立法その他の国政のうえで、最大の尊重を必要とする。

(著作権法) **第18条　公表権**

1　著作者は、その著作物でまだ公表されていないもの（その同意を得ないで公表された著作物を含む）を公衆に提供し、または提示する権利を有する。当該著作物を原著作物とする二次的著作物についても同様とする。

差し出し人が特定できるかたちでラブレターなどの手紙を無断で公開する行為は、「人格権」（憲法第13条で保障）の一つである「プライバシー権」を侵害していると考えるのが一般的です。

ただし、差出人の氏名など個人情報がわかる内容がすべて黒塗りにされているなどして、誰が書いたか第三者にはわからない場合には「プライバシー侵害」とは判断されない場合もあります。

また、ラブレターを「著作物」と捉えた場合、ラブレターの無断公開は著作権のうち公表権、公衆送信権などへの侵害にあたる場合もあります。

かつて、週刊誌が作家の三島由紀夫の個人的な手紙を遺族に無断で掲載したことがありました。このとき裁判所は三島由紀夫の手紙を「著作物」と認めて、無断掲載を著作権侵害と判断しました。

作品を勝手に使われた、まねされた ➡ P.76

ただし、裁判所はすべての「手紙」を「著作物」と認めているわけでありません。内容によってはラブレターも著作物と認められないこともあります。

もちろん、法律違反とはいえなかったとしても、他人が書いたラブレターを無断で公開することは、モラル的にやってはならないことです。

人格権ってなに？

人格権とは、「あなたが人間として人格を尊重される権利」です。もう少し専門的に言えば、「人の人格に本質的と考えられる、生命・身体・健康、名誉、プライバシー、肖像、氏名や、平穏、自由で人間の尊厳にふさわしい生活を送ることに関わる権利」を指します。あなたの人格権を侵害した者に対しては、損害賠償（慰謝料）などを請求できます。

著作権法 第2条 定義

1項1号 著作物 思想、または感情を創作的に表現したものであって、文芸、学術、美術、または音楽の範囲に属するものをいう。

著作権法 第23条 公衆送信権等

1 著作者は、その著作物について、公衆送信を行う権利を専有する。
2 著作者は、公衆送信されるその著作物を受信装置を用いて公に伝達する権利を専有する。

商品の"盛り"すぎに注意

あなたを守る法律

[民法] **第96条　詐欺、または強迫**

1　詐欺、または強迫による意思表示は、取り消すことができる。

[刑法] **第246条　詐欺**

1　人を欺いて財物を交付させた者は、10年以下の懲役に処する。

ネットオークションに不用品を出品。少しでも高く売りたくて、見栄えがよくなるように品物の写真を加工した。また「美品・傷なし」「返品不可」などの説明書きも加えた。

実際の品物には「傷」があるのに「美品・傷なし」として売った場合には、民法上の「詐欺」として売買が取り消しになる可能性が高いです。
売買が取り消された場合は、たとえあらかじめ「返品不可」としていても、返金しなければならない場合があります。

意図的に傷があることを隠していた場合は、民法上の「詐欺」にもあてはまり、契約を取り消されてしまう場合があります。
極端な場合は、刑法に定める「詐欺罪」にも該当する可能性が考えられます。

意図的でなくても、実物と説明が大きく異なれば、民法上の「錯誤」により、売買が取り消される場合があります。錯誤とは、勘違いや誤解のことです。
契約が取り消し等となった場合、基本的には受け取った代金は返金する義務を負い、送った品物は返してもらうことになります。

逆にあなたが買い手の立場では、このようなケースで払った代金を返金してもらうことは簡単ではありません。解決のために専門家に依頼すると、その費用のほうが高くなる可能性もあります。しかしまずは、弁護士などに相談してみましょう。

[民法]第95条　錯誤

1　意思表示は、次に掲げる錯誤に基づくものであって、その錯誤が法律行為の目的および取引上の社会通念に照らして重要なものであるときは、取り消すことができる。
　①意思表示に対応する意思を欠く錯誤
　②表意者が法律行為の基礎とした事情についてのその認識が真実に反する錯誤
2　前項第2号の規定による意思表示の取り消しは、その事情が法律行為の基礎とされていることが表示されていたときに限り、することができる。
3　錯誤が表意者の重大な過失によるものであった場合には、次に掲げる場合を除き、第1項の規定による意思表示の取り消しをすることができない。
　①相手方が表意者に錯誤があることを知り、または重大な過失によって知らなかったとき。
　②相手方が表意者と同一の錯誤に陥っていたとき。
4　第1項の規定による意思表示の取り消しは、善意でかつ過失がない第三者に対抗することができない。

「表現の自由」といえば なんでもOK?

> 憲法 **第21条　表現の自由**（一部抜粋）
> ①集会、結社および言論、出版その他一切の表現の自由は、これを保障する。
> ②検閲は、これをしてはならない。

表現の自由（憲法第21条）は、憲法の中でも「優越的地位」を占める重要な権利といわれています。自由な表現活動によって個人が人格を形成したり、政治参加することが可能となるからです。民主主義の根幹をなす権利といえます。

しかし、表現の自由といえども、無制限に認められるものではありません。ほかの権利とぶつかり合うケースはたくさんあります。表現の自由と、そのほかの権利のどちらが優先されるかについては、個別事情を検討して総合的に判断されます。

わいせつ表現

漫画家のろくでなし子さんが、女性器を型取りした作品を展示し、デ

ータを配布した罪（わいせつ物陳列罪、わいせつ物頒布罪）で逮捕・起訴されました。ろくでなし子さんは、女性器がわいせつ物とされることに問題意識を持ち、作品を制作したそうです。「わいせつ物陳列罪」は無罪が確定、わいせつ物頒布罪は現在も係争中です。

児童ポルノ禁止法は、児童に対する性的搾取および性的虐待から児童を守るために作られた法律です。アニメやＣＧでのわいせつ表現も規制対象にすべきという意見と、実在しない児童だから規制対象とすべきではないという意見の対立があります。

ヘイトスピーチ

人種、性別、性的指向などに対す

る憎悪表現を「ヘイトスピーチ」といいます。昨今、街宣活動でヘイトスピーチを繰り返した団体や個人が、威力業務妨害罪や名誉毀損罪で有罪となったり、損害賠償が命令されたりしています。

　ある程度の批判や論評は表現の自由の範囲内ですが、不当な差別的言動は許されないという趣旨で、2016年にいわゆる「ヘイトスピーチ解消法」が成立しました。

著名人のプライバシー

　芸能人やスポーツ選手のプライバシー報道は、どこまで許されるでしょうか。人前に出る仕事であり、不特定多数の人から見られる点に特徴がある職業です。中には、プライバ

シーを積極的に公開して注目を集めている人もいます。

　しかし、自宅内でくつろぐ様子を隠し撮りしたり、子どもの頃の成績表や病歴等を勝手に公表したりするような場合は、プライバシー侵害を理由に、損害賠償責任が認められるケースが増えています。賠償額も増額される傾向にあります。

わたしの作品は簡単につくられたものじゃない

あなたを守る法律

(著作権法) 第1条　目的

1　この法律は、著作物並びに実演、レコード、放送および有線放送に関し著作者の権利およびこれに隣接する権利を定め、これらの文化的所産の公正な利用に留意しつつ、著作者等の権利の保護を図り、もって文化の発展に寄与することを目的とする。

このイラストかわいい！　私が描いたってことにして SNS に投稿しよう。

著作権侵害にあたる可能性が高いです。イラストを自分が描いたことにして、みんなに見せるためにパソコンにダウンロードしていたら、その時点で、複製権（著作権法第21条）の侵害になります。著作権、出版権、著作隣接権の侵害には、10年以下の懲役または1000万円以下の罰金（著作権法第119条第1項）、著作者人格権、実演家人格権の侵害などは、5年以下の懲役または500万円以下の罰金などが定められています（著作権法第119条第2項）。

著作権はなんのためにある？

インターネットや SNS が普及して、たくさんの作品に触れることができるようになりました。しかし、誰かが作った作品には「著作権」があり、それを無断で使うことは禁止されています。

そもそも著作権とは、なんのためにあるのでしょう？

わたしたちは生活の中で、小説や漫画を読んだり、音楽を聴いたり、絵画や彫刻のような美術作品を鑑賞したり、映画やドラマ、アニメを楽しんだりしています。これらの作品は、作った人が、自分の考えや気持ちを自分で工夫して表現したものです。この作品のことを「著作物」、著作物を作った人を「著作者」、そして法律によって著作者に与えられる権利を「著作権」といいます。

著作権は、小説や論文、音楽、映画、写真だけでなく、ダンス、建築、地図や模型などにも与えられています。

作品には、作った人のオリジナルな発想や表現、またそれをかたちにするための努力が込められています。オリジナルを作ったその個性、それを表現するまでの努力は守られるべきものとして考えられているのです。

作った人は、著作権制度によって、作品を利用した人から「使用料」をもらうことができます。そのお金をもとに、作った人は、また新しい著作物を作ることができます。その結果、いっそう文化が豊かになるという、大きなしくみになっているのです。

<table>
</table>

ポイント
> 著作権は作品が作られたと同時に自動的に生まれます。要件を満たせば、登録や申請の手続きは一切必要なく、また早い者勝ちでもなく、作った人が持てる権利です。
> なお、著作権には「保護期間」があり、一定の期間が経過すると消滅することになっています。そのため、「枕草子」「源氏物語」といった文学作品には著作権はありません。ただし、その現代語訳については、訳者の個性が表れると考えられ、著作権が発生します。

事例 CASE

自分が描いてSNSに投稿した漫画。その数日後に、自分のとそっくりな漫画が公開されていた。「盗作じゃないか」と問い合わせたら、「たまたま似てしまっただけだ」と言われた。

よく似ていたとしても、それが「たまたま」ということはありえます。その場合は「依拠性」がないため、著作権侵害は成立しません。もし訴訟をする場合には、「相手が自分の作品を参考にして作った」ということを、訴える側が証明する必要があります。
もし、相手が自分の作品を参考にして作っていた場合は、著作権侵害となります。

ANSWER

解説
他人の作った作品を参考にして作品を作ること自体が、著作権侵害になるわけではありません。どんな人も、さまざまな著作物の影響を受けて成長しています。意識せずとも、なんらかの作品を参考にしていることはよくあるからです。
著作権を侵害しているかどうかは、次の3つの基準によって判断されます。

①既存の作品が著作物であり、著作権があるかどうか（著作物性）
②新しく作られた作品が、既存の作品を参考にして作られたものか（依拠性）
③新しく作られた作品が、既存の作品によく似ているかどうか（類似性）

前提として、作品のアイデアそのものは著作権では保護されません。たとえば「ねずみをモチーフにしたキャラクターを作る」という場合、「ねずみをモチーフにしたキャラクター」自体はアイデアのため、著作権で保護されません。
また、アイデアが似ていても、③の類似性が認められなければ保護対象になりません。
③の類似性の定義については、条文で明示されていませんが、これまでのさまざまな裁判の結果から「表現上の本質的な特徴」が同じかどうかで判断されます。
つまり、「ありふれた表現にすぎない」と判断された場合は、似ていても著作権侵害とは認められない可能性が高いでしょう。

好きなアニメの二次創作漫画を描くのが趣味。同じアニメのファンの仲間と見せ合っている。

著作権者の許可を得ていない二次創作は、実はすべて違法です。「仲間内の同人誌ならよい」「無料で配布するのはセーフ」ということはありません。
二次創作は、原作者が「黙認」しているという状況です。

著作権を侵害された原作者は、民事上の損害賠償を請求することができます。もし二次創作を作った人が、その作品を販売して利益を得ていれば、その利益の額が損害と考えられます。
利益を得ていなくても、原作者は、著作物の内容等を無断で変更されない権利（同一性保持権）の侵害を理由に、慰謝料を請求することも可能です。
さらに、その二次創作活動の中止を求めることができるほか、創作物をすべて廃棄するよう求めることもできます。

自分の作品が誰かに無断で利用されていた！
まずは本人に連絡して取り下げてもらうようにしましょう。
「使ってもらうのはかまわないけど、自分の作品だとわかるようにしてほしい」「使ってもらってかまわないけど、お金を払ってほしい」という場合は、対応してもらうよう伝えます。
それでも対応してもらえない場合は、法的措置を検討します。

逆に、誰かの作品を利用したい場合、販売されているものであれば、きちんと購入しましょう。違法にアップロードされているものもありますが、違法と知りながら、これをダウンロードして利用した人は、2年以下の懲役もしくは200万円以下の罰金となります。

著作権には、さまざまな関連する権利があります。コピーする権利は「複製権」。公開する権利として「上映権」「上演・演奏権」。貸し出す権利として「貸与権」などがあります。これらを総称して、「著作隣接権」といいます。これは、著作物を多くの人に広める重要な役目を担う人に与えられる権利です。

事例 CASE

学校の作文の宿題、めんどうくさいからインターネットからのコピペで全部埋めて提出した。

ANSWER

他人の文章・作品・論文を、あたかも自分が書いたかのように発表することは「剽窃」といい、著作権侵害となります。

解説

剽窃とはいわゆる「パクリ」のことです。別の人の文章であるということがわかりにくい書き方をしている場合、「盗用」とみなされる可能性もあります。

著作権のあるものでも使ってもよい例外の一つが、「引用」です。引用とは、他人が書いた文章などを自分の文章の中でそのまま記載して紹介することです。

引用にはルールがあります。次の5つのルールを守りましょう。

- 文章全体を見たときに、自分の文章より引用が多くなっていない（主従関係）
- 自分の文章と明確に区別する（明瞭区分性）
- 文章を成立させるために必要である（必然性）
- 出典を明記する
- 引用元から改変しない

関連条文

（著作権法）**第27条　翻訳権、翻案権等**

著作者は、その著作物を翻訳し、編曲し、もしくは変形し、または脚色し、映画化し、その他翻案する権利を専有する。

（著作権法）**第28条　二次的著作物の利用に関する原著作者の権利**

二次的著作物の原著作物の著作者は、当該二次的著作物の利用に関し、この款に規定する権利で当該二次的著作物の著作者が有するものと同一の種類の権利を専有する。

（著作権法）**第32条　引用**

1　公表された著作物は、引用して利用することができる。この場合において、その引用は、公正な慣行に合致するものであり、かつ、報道、批評、研究その他の引用の目的上正当な範囲内で行なわれるものでなければならない。

（著作権法）**第119条　罰則**

3　第30条第1項に定める私的使用の目的をもって、録音録画有償著作物等の著作権、または著作隣接権を侵害する自動公衆送信を受信して行うデジタル方式の録音、または録画を、自らその事実を知りながら行って著作権、または著作隣接権を侵害した者は、2年以下の懲役、もしくは200万円以下の罰金に処し、またはこれを併科する。

Chapter 3

学校

のトラブルと法律

School

未来への可能性はみんな平等に

あなたを守る条約

女子差別撤廃条約 **第2条**

締約国は、女子に対するあらゆる形態の差別を非難し、女子に対する差別を撤廃する政策をすべての適当な手段により、かつ、遅滞なく追求することに合意し、およびこのため次のことを約束する。
（b）女子に対するすべての差別を禁止する適当な立法そのほかの措置（適当な場合には制裁を含む。）をとること。

1979年に女子差別撤廃条約が国連総会で採択され、日本は1985年に批准しました。この条約は正式には「女子に対するあらゆる形態の差別の撤廃に関する条約」といいます。結婚しているかしていないかにかかわらず、あらゆるスタイルの差別をなくすために必要なことをしていくことを目的としています。

「女子に対する差別」とはたとえば、女性であることを理由に区別や排除、制限したりすること、女性が人権や基本的自由を持っていると知りながら、それを使うことを邪魔したり、なかったことにしようとしたりすることです。

日本の現状

「男女共同参画白書（概要版）平成30年版」によると、大学（学部）への進学率は女子が49.1％、男子55.9％と男子の方が6.8％ポイント高くなっています。ただし、女子は全体の8.6％が短期大学（本科）へ進学しています。これを合わせると、女子の大学等進学率は57.7％です。

教育の必要性

教育を受けることは、個人の可能性を伸ばし、豊かな生活を送ることにつながります。地域や社会全体の発展にもつながります。教育は、性別にかかわらずとても重要です。

また世界銀行の報告によると、女の子が小学校を修了すると、将来産む子どもが5歳まで生きる確率が40％以上も上がり、地域の栄養不良率は43％も下がるといわれています。知識や技術を身につけた女性が社会に出ることで、国の経済力を示すGDPも上がるといわれています。

世界の現状

しかし、なぜ女性が教育を受ける必要があるのか、理解が得られていない現実も世界にはあります。

世界を見てみると、女子教育の実情は国や地域によってかなりバラつきがあります。日本を含む先進国の、初等教育では男女の均衡が達成されています。ところが、アフリカのサハラより南の地域では、女子の初等教育純就学率が74％と低く、中等教育純就学率は24％しかありません。学校へ通えない女の子の多くが、この地域に集中しています（ユニセフＴ・ＮＥＴ通信、世界子供白書2012より）。

女性だけ試験で減点

なりたいものになりたい

> **憲法 第14条　法の下の平等**
> 1　すべて国民は、法の下に平等であって、人種、信条、性別、社会的身分、または門地により、政治的、経済的、または社会的関係において、差別されない。
>
> **憲法 第26条　教育を受ける権利**
> 1　すべて国民は、法律の定めるところにより、その能力に応じて、ひとしく教育を受ける権利を有する。

　複数の大学医学部の入学試験で、女子の受験生が一律に減点されるなどの差別が行われていることがわかり、社会問題となりました。減点されなければ合格していた女子学生がいることも判明しており、訴訟にもなっています。

　性別を理由に入学試験で一律に減点することは、女子差別撤廃条約の趣旨に反し、憲法第14条（法の下の平等）、憲法第26条（教育を受ける権利）、教育基本法第4条（教育の機会均等）などに反する可能性があります。また、自己実現のために幸福を追求する憲法第13条（幸福追求権）の理念にも反する可能性があります。

　女子の合格者を減らしていた背景には、多くの女性が直面するであろうキャリアや進路選択の困難が反映されています。

　女性医師も一人の人間として家庭を持ち、子どもを育てる人が多くいます。しかし、患者の命と向き合う病院では、長時間労働で過酷な勤務が続く現実があります。産休・育休で現場を離れたり時短で働いたりする医師がいると、ほかの医師の負担が大きくなりすぎてしまうという問題があります。それが、ほかのスタッフの不満の種にもつながってしまうのです。

　医療の現場のみならず、さまざまな仕事で似たような問題が指摘されています。

　2019年の日本労働組合総連合会の調査によると、全回答者1000名のうち約3割が、就職に関して男女差別を感じたと回答しています。

　具体的には、「採用予定人数が男女で異なっている」「男性が総合職、女性が一般職など、男女で採用職種が異なっていた」「男性のみ、女性のみの採用だった」などです。

　面接でも、「『女性として』どんな活躍をしたいか」「転勤を親御さんは許してくれるのか」「結婚予定はあるか」「出産したら仕事はどうするつもりか」などと、男性に対しては聞かないであろう質問をされる場合があります。

　長時間労働を当然と考える働き方、不足する保育所、取りにくい育休、

時短勤務への厳しい目といった構造にも目を向け、社会全体で多様性のある働き方を探っていく必要があります。

あなたの居場所は必ずある

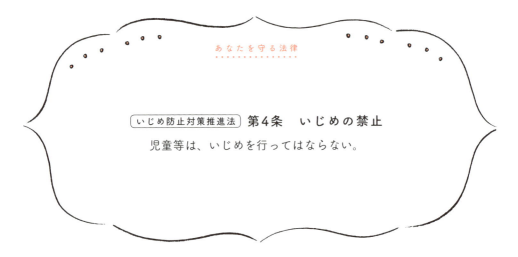

あなたを守る法律

(いじめ防止対策推進法) **第4条　いじめの禁止**

児童等は、いじめを行ってはならない。

いじめは単なる "悪ふざけ" ではない

いじめをしてはいけないことは、はっきりと法律で明記されています。またいじめとはなにかについても、法律で定義されています。「いじめ」の中には、犯罪行為にあてはまる行為も含まれます。たとえば、次のようなものです。

- 他人の物を壊す……器物損壊罪（刑法第261条）
- 他人の物を盗む……窃盗罪（刑法第235条）
- 他人を脅してお金を払わせる……恐喝罪（刑法第249条）
- 他人を殴る、蹴る……傷害罪（けがをした場合、刑法第204条）
  ……暴行罪（けがのない場合、刑法第208条）
- 他人に水をかける……暴行罪（刑法第208条）
- 他人の悪口を言いふらす……名誉毀損罪（刑法第230条）
- 他人にしたくないことをさせる……強要罪（刑法第223条）

いじめに含まれる行為の多くが、刑法で禁止される犯罪行為にあたることがわかるはずです。いじめの被害を受けたら、警察へ被害届を提出することも視野に入れましょう。

上記以外のいじめ、たとえば、「集団で無視をする」「口をきかないように仕向ける」といった行為は、犯罪とまではいえません。しかし、慰謝料の請求が可能な不法行為（民法第709条）には該当します。それらの行為が原因で学校に行けなくなったり、転校を余儀なくされたり、心身の不調が出た場合などには、民事裁判などの法的措置を取ることも考えられます。

CASE

学校の教室で数名に囲まれて脅され、服を脱ぐように強要された。何人かがその様子を携帯で動画撮影していた。

18歳未満の者の性器やおしり、胸などが写っている画像や動画は「児童ポルノ」に該当します。児童ポルノを所持したり提供したりすると「児童ポルノ禁止法違反」という犯罪に問われる場合があります。所持や提供をするのが18歳未満の者であっても同じです。

このケースでは、動画撮影という行為が、児童ポルノ禁止法違反に該当する可能性があります。また、刑法の強制わいせつ罪、強要罪にあたる可能性もあります。

自撮り写真を悪用された ➡ P.66

ANSWER

学校には安全配慮義務がある

学校教育の現場では、校長をはじめとする教師には、生徒の生命・身体の安全を守る義務（安全配慮義務）が課せられているといえます。

いじめに関しても、生徒からその訴えを聞いたのになにもしなかったり、不注意な言動で生徒に余計に大きな被害を与えた場合には、安全配慮義務違反による責任が問われる場合があります。

たとえば、次のようなケースです。

- いじめ被害の訴えを受けたのに「握り潰し」て報告等をしなかった
- いじめ被害の訴えを受けたのに、加害者から聞き取りをしただけで被害者を「嘘つき」呼ばわりして、被害者から加害者へ謝罪させた
- いじめ被害の訴えを受けたのに、被害者からの訴えを聞いただけで、被害者に「あなたにも落ち度がある」などと言って無理に納得させて、いじめ被害の訴えを取り下げさせた

教師等の責任を後で追及するためには、証拠が必要です。いつ、どこで、誰に対し、誰が、どのような内容をどのように伝えたかについて、記録を残しておくことが重要です。会話はできるだけ録音しておくのがベストです。

いじめを誰かに相談したら、悪化しそうで不安

いじめをやめてもらうためには、まずは親、担任やそのほかの教師、または教育委員会に相談するといった方法が考えられます。

問題は、相談した相手がなにもしてくれなかったり、誤った対応をして、ますますいじめがひどくなることです。

中途半端な対応をされることで、被害を相談したことがいじめの加害者に知られ、いじめ防止につながるような対応をしてもらえないばかりか、いじめの加害者からさらに仕返しされてしまうのでは、という不安もあるでしょう。

実は、それを防ぐ手立てはあまり多くないのが現状です。

しかし、親や教師、教育委員会以外にも相談する相手はいます。弁護士です。教師や教育委員会よりも先に弁護士に相談をして、その弁護士から教師や教育委員会に相談するという方法があります。第三者であり法律の専門家である弁護士が介入することで、学校や教育委員会による慎重でしっかりとした対応が期待できます。

また、警察やいじめ問題に取り組む民間団体などに相談することも考えられます。

勝手に会話を録音してもいいの？

いじめのみならず、パワハラやセクハラなど、さまざまな被害にあっていることを最も直接的に、わかりやすく証明することができるのが発言の録音です。

録音することがプライバシー侵害にならないかが問題となりますが、**正当な目的のためであり相当な範囲であれば、不法行為とはなりません。証拠としても有用性が認められます。**
その内容を外部へ知らせることもプライバシー侵害の問題となりますが、これもパワハラやセクハラ、いじめを防止するために公的な相談部署へ知らせるなど、正当な目的があり、必要かつ相当な手段を取るならば、不法行為とはならないでしょう。

ただし、その録音を使って相手に仕返しなどをした場合は、違法となる可能性があります。録音した会話を公開すると脅して謝罪や金品を要求したら、強要罪や脅迫罪、恐喝罪にあたりますし、会話を公開して発言者の社会的地位を低下させたら名誉毀損罪にあたる可能性があります。

いじめ防止対策推進法 **第2条　定義**
1　この法律において「いじめ」とは、児童等に対して、当該児童等が在籍する学校に在籍している等当該児童等と一定の人的関係にある他の児童等が行う心理的、または物理的な影響を与える行為（インターネットを通じて行われるものを含む）であって、当該行為の対象となった児童等が心身の苦痛を感じているものをいう。

いじめ防止対策推進法 **第8条　学校および学校の教職員の責務**
学校および学校の教職員は、基本理念にのっとり、当該学校に在籍する児童等の保護者、地域住民、児童相談所その他の関係者との連携を図りつつ、学校全体でいじめの防止および早期発見に取り組むとともに、当該学校に在籍する児童等がいじめを受けていると思われるときは、適切かつ迅速にこれに対処する責務を有する。

いじめ防止対策推進法 **第25条　校長および教員による懲戒**
校長および教員は、当該学校に在籍する児童等がいじめを行っている場合であって教育上必要があると認めるときは、学校教育法第11条の規定に基づき、適切に、当該児童等に対して懲戒を加えるものとする。

いじめ防止対策推進法 **第26条　出席停止制度の適切な運用等**
市町村の教育委員会は、いじめを行った児童等の保護者に対して学校教育法第35条第1項の規定に基づき当該児童等の出席停止を命ずる等、いじめを受けた児童等その他の児童等が安心して教育を受けられるようにするために必要な措置を速やかに講ずるものとする。

先生という立場を使ったスクール・ハラスメント

笑顔で振り返りたい青春時代

あなたを守る法律

[教育基本法] **第9条　教員**

1　法律に定める学校の教員は、自己の崇高な使命を深く自覚し、絶えず研究と修養に励み、その職責の遂行に努めなければならない。

[学校教育法] **第11条　懲戒権と体罰の禁止**

校長および教員は、教育上必要があると認めるときは、文部科学大臣の定めるところにより、児童、生徒および学生に懲戒を加えることができる。ただし、体罰を加えることはできない。

[地方公務員法] **第33条　信用失墜行為の禁止**

職員は、その職の信用を傷つけ、または職員の職全体の不名誉となるような行為をしてはならない。

CASE

部 活 が 怖 い ……　＞　**先 生 に よ る パ ワ ハ ラ**

部活の練習中になにかミスをすると「やめてしまえ」「へたくそ」とどなりつけたり、練習や試合に悪意を持って参加させなかったり、ひどいときは無視をしたりする。

事例

ANSWER

部活動の指導であっても、生徒の人間性や人格の尊厳を傷つけたり否定したりするような発言や行動は「パワー・ハラスメント（パワハラ）」です。

解説

「運動部活動での指導のガイドライン」は、体罰問題などが多発していることを受けて取りまとめられたものです。指導において望まれる基本的な考え方、留意点を示しています。具体的には次のように記されています。

- 学校教育の一環として行われる運動部活動では、指導と称して殴る・蹴ることはもちろん、懲戒としての体罰が禁止されていることは当然です
- また、指導にあたっては、生徒の人間性や人格の尊厳を損ねたり否定するような発言や行為は許されません
- 校長、指導者その他の学校関係者は、運動部活動での指導で体罰等を厳しい指導として正当化することは誤りであり決して許されないものであるとの認識をもち、それらを行わないようにするための取り組みを行うことが必要です

パワハラをする先生を交代させたい場合、まずは学校や教育委員会に、証拠を持って相談に行きましょう。または、各スポーツ団体の相談窓口などもあります。たとえば、公益財団法人日本バレーボール協会は「体罰・暴力の相談窓口」を設けています。法的責任をきちんと追及したい、最大限の補償を求めたい場合は、学校のハラスメント問題に通じた弁護士などに相談して対応を検討しましょう。

しかし現実には、このような先生を交代させることは簡単ではないことが多いです。特にスポーツ進学に力を入れている学校だと、周囲も先生の味方をしてしまうケースがしばしば見られます。パワハラの責任を追及することで、レギュラーを外されたりなどの被害を受ける可能性もあります。
もしあなたが「楽しい部活」を取り戻すことが難しいと思ったら、部から「撤退」することも一つの方法です。それは恥ずかしいことでも間違っていることでもないということを心に留めておきましょう。

事例

CASE

> 学校の体育準備室でボールを片付けていたら、担任の先生が入ってきて洋服の上から胸をさわり「内緒だよ」と言った。その後もたびたびさわられている。

教師という立場を利用し、暴行や脅迫によってわいせつな行為をすると、強制わいせつ罪にあたります。
13歳未満の場合、「暴行・脅迫」は必要ありません。13歳以上でも、いきなり胸をさわることは「わいせつ行為＝暴行」と考えられています。

ANSWER

解説

「わいせつな行為」とは、具体的には性器や胸、おしりをさわる、服を脱がせる、無理やりキスをするといった行為が挙げられます。相手が抵抗するなどして、実際にはわいせつな行為に至らなかったような場合は、未遂罪が成立します。
13歳未満の人に対して、わいせつな行為をした場合、暴行や脅迫がなくても、強制わいせつ罪になります。相手が同意していたとしてもです。

泥酔しているなど、相手が抵抗できないような状態を利用してわいせつな行為をした場合は、準強制わいせつ罪にあたります。

お酒・薬・立場を利用してわいせつ行為 ➡ P.94

被害者を暴行・脅迫して、むりやり性交・口腔性交・肛門性交を行えば、強制わいせつ罪ではなく、強制性交等罪が成立します。

教師は「監護者」ではないので、監護者の罪は成立しません。ただし、条例に触れる可能性はあります。

したくない性的行為をさせられた ➡ P.32

ポイント

性的同意年齢とは

13歳で犯罪の種類が区切られているのは、「性的同意年齢」が13歳だからです。性的同意年齢とは性行為の同意能力がある、とみなされる年齢です。日本は世界の中でも低く設定されています。監護者からの性暴力について記した刑法第179条では、年齢が高く設定されています。加害者が監護者の場合、被害者はよりいっそう、抵抗しにくいと思われるからです。

強制わいせつ罪も強制性交等罪も、以前は、被害者の告訴がなければ起訴できない犯罪（親告罪）でしたが、2017年の法改正で、告訴がなくても起訴できるようになりました（非親告罪）。
ただし、刑事事件として立件するには非常にハードルが高い犯罪です。
証拠や証言を集めにくいほか、教師に実績や信頼があれば、学校がなかなか相手にしてくれなかったり、ほかの家族から糾弾されるという状況もあるようです。

幼児に対するわいせつ行為は、学校の生徒に対するものよりも、潜在化しやすいといわれています。幼児は、わいせつ行為の意味がわからないためです。幼児に対しても、プライベートゾーンの重要性について教え、「変だと思ったら信頼できる大人に報告する」ことを繰り返し伝えることが重要です。
誰であっても、勝手に性的な領域を犯してはなりません。

[刑法] **第176条　強制わいせつ**
13歳以上の者に対し、暴行、または脅迫を用いてわいせつな行為をした者は、6カ月以上10年以下の懲役に処する。13歳未満の者に対し、わいせつな行為をした者も、同様とする。

[刑法] **第177条　強制性交等**
13歳以上の者に対し、暴行、または脅迫を用いて性交、肛門性交、または口腔性交をした者は、強制性交等の罪とし、5年以上の有期懲役に処する。13歳未満の者に対し、性交等をした者も同様とする。

[東京都青少年の健全な育成に関する条例] **第18条の6　青少年に対する反倫理的な性交等の禁止**
何人も、青少年とみだらな性交、または性交類似行為を行ってはならない。

[東京都青少年の健全な育成に関する条例] **第24条の3　罰則**
第18条の6の規定に違反した者は、2年以下の懲役、または100万円以下の罰金に処する。
＊都道府県によって、条例の名称や内容、罰則は異なります。

[刑法] **第179条　監護者わいせつおよび監護者性交等**
1　18歳未満の者に対し、その者を現に監護する者であることによる影響力があることに乗じてわいせつな行為をした者は、第176条の例による。
2　18歳未満の者に対し、その者を現に監護する者であることによる影響力があることに乗じて性交等をした者は、第177条の例による。

まるでなにも言わせない呪い

あなたを守る法律

(刑法) **第178条　準強制わいせつおよび準強制性交等**

1　人の心神喪失、もしくは抗拒不能に乗じ、または心神を喪失させ、もしくは抗拒不能にさせて、わいせつな行為をした者は、第176条（強制わいせつ）の例による。

2　人の心神喪失、もしくは抗拒不能に乗じ、または心神を喪失させ、もしくは抗拒不能にさせて、性交等をした者は、前条（強制性交等罪）の例による。

サークルの飲み会で一気飲みをさせられ、記憶を失った。気づいたら、飲み会で一緒だった先輩と裸でベッドにいた。先輩は私が積極的に誘ったので性交渉したというが信じられない。

「心神喪失」とは、失神状態、酩酊状態、睡眠中、高度の精神病を患っているなどの状態です。睡眠薬を飲ませるなど、他人を心神喪失や抵抗不能の状態にさせてからわいせつな行為をすると、準強制わいせつ罪にあたります。

このようなケースでは、加害者が「合意があった」と主張することが考えられます。そのため被害者側は、自分が泥酔状態であったことを立証する必要があります。刑事事件として立件したい場合は、できるだけ早く警察へ相談に行きましょう。飲み会のメンバーやお店の人が、あなたが泥酔状態であったことを証言してくれれば、立件しやすくなります。

被害にあったときにすべきこと ➡ P.34

ANSWER

「準」がつく／つかないの違い

罪名に「準」がついているからといって、軽い犯罪ということではありません。準強制わいせつ罪は、正常な判断ができない状態（心神喪失）や、心理的・物理的に抵抗できない状態（抵抗不能）を利用して、わいせつな行為をすることです。準強制わいせつ罪は、強制わいせつ罪とは違って、暴行や脅迫がなくても成立します。

運動部の顧問の先生から日々叱責され、理不尽な要求も拒めずにいた。ある日、先生の車に乗せられて「俺の言うことを聞かなければ、試合に出させない」と言われ、先生からわいせつ行為を受けた。

抵抗することが心理的に非常に難しい状態にあることを「心理的抵抗不能」といいます。加害者と被害者が年齢的に大きく離れていたり、相手が非常に強い立場にあったり、抵抗することで被害者が大きな不利益を被る状況にあるなど、さまざまな観点から総合的に判断されます。
具体的には、芸能プロダクションの経営者が、「モデルになるために必要」と言って、女子学生を全裸で写真撮影をした事案や、英語講師が女子高生に対し、「英語が上達するリラックス法だ」と言って下着を脱がせて、わいせつ行為を行った事案などで、抵抗不能と認定されています。

ANSWER

ブラック校則

その校則はなんのため？

　学校の校則の中には「どうしてこのような決まりがある（あった）のだろう？」と疑問に思うものがあります。合理的な根拠・理由が乏しいとみられ、なおかつ生徒にとって負担の大きい校則が、報道やSNSなどで話題になります。いわゆる「ブラック校則」と呼ばれるものです。

　たとえば、次のケースがあります。
- 下校後午後4時までは自宅にいて外出してはいけない「4時禁ルール」
- 下着の色の指定。違反がないかスカートをあげてチェックする
- ストッキングの色指定。冬でも黒い色のストッキングは禁止
- コート、マフラー等防寒具の着用制限
- 日焼け止めの持ち込み禁止
- 頭髪の「色指定」。地毛が茶色の場合は黒に染色することを強制

　服装のルールについて、「痴漢予防」を根拠に挙げる学校もあります。しかし、そもそも犯罪がいけないことだと指導することが大切です。犯罪者が悪いのではなく、「痴漢にあうのは服装が原因」と生徒に思わせてしまいかねません。茶色い地毛を、真っ黒に染めさせるのは個性や多様性を否定する行為です。

　もしブラック校則を変えたい場合、どうしたらいいでしょうか？
　学校にPTA組織や「父母会」などがあれば、それらを通じて学校に意見を伝えてもらうことも有効でしょう。文部科学省は、「校則は社会の変化とともに見直すべき」との立場を取っています。
　また、生徒会などが中心となり、生徒の意見をまとめて学校側と話し合いを持つことも考えられます。生徒による校則の是非を問う投票などを行い、その結果を学校に提出するのもよいと思います。

　他方、一見不合理に見えて、実は重要な意義をもっている校則もあります。集団生活では、みんなが心地よく暮らすうえで一定のマナーやルールが必要だからです。
　社会状況が大きく変わるこの時代では、学校・生徒・親そして社会が「なぜこの校則が必要なのか」を、みんなで話し合い、守るべきは守り、変えるべきは変える姿勢が大切です。

Chapter 4

くらし

の中のトラブルと法律

Daily Life

わたしの意思を伝える場

あなたを守る法律

[憲法] 第31条

何人も、法律の定める手続きによらなければ、その生命、もしくは自由を奪われ、またはその他の刑罰を科せられない。

[憲法] 第32条

何人も、裁判所において裁判を受ける権利を奪われない。

裁判には2種類ある

「警察が犯人を捕まえて裁判にかけてくれたら、慰謝料をもらうことができるの?」「犯人に慰謝料請求の裁判を起こして勝訴したら、犯人には『前科』がつきますか?」などといった疑問を持つ方がいます。

残念ながら、どちらも答えは「違います」ということになります。

日本の裁判は、大きく分けると、「民事裁判」と「刑事裁判」があります。

「民事裁判」とは主に、一般の人が、自分の権利を主張してトラブルの相手に義務を果たすように裁判所から命じてもらうための手続きです。

たとえば、お金を人に貸していて返してもらう権利を持っている人が、お金を返す義務のある人を相手に、裁判所へ訴えを提起して、裁判所にお金を返すよう命じる判決を出してもらう、というのが典型的な民事裁判です。

「刑事裁判」とは、犯罪者を処罰するための手続きです(憲法第31条)。加害者が本当に犯罪をしたのかどうか、そして本当に罪を犯していた場合はどの程度の罰を与えるのか、ということを判断する裁判です。

民事裁判と刑事裁判では、目的や手続きが大きく異なります。原則として、刑事裁判では被害者が犯人に慰謝料などの支払いを求めることはできず(例外があります)、民事裁判では犯人に刑罰を与えることができません。

	民 事 裁 判	刑 事 裁 判
裁判を起こす人	権利等を主張する人 (弁護士は原告の「代理人」)	検察官 (犯罪の被害者には裁判を起こせない)
裁判(審理)の対象	権利・義務の有無等	有罪か無罪か
請求する内容	・金銭の支払い ・物(土地建物含む)の引き渡し ・謝罪広告 ・行為の差し止め ・子どもの引き渡し・離婚 など	被告人の処罰 ・死刑 懲役 禁錮 罰金 拘留 科料 ・付加刑(没収など)
根拠となる法律 (手続法)	・民事訴訟法 ・人事訴訟法 ・行政事件訴訟法	刑事訴訟法
立証責任	原告・被告に分配	検察官
訴えられた人の呼び名	被告	被告人

民法の大原則

いろいろな法律の中でも、私たちの生活に最も関係があるのが「民法」です。
民法には、市民どうしの間の権利や義務の関係、家族や相続の関係などが定められています。その内容は実に幅広く、全部で1000を超えます。
本書では民法が多く出てきますが、民法には前提となる「三大原則」があります。
「権利能力平等の原則」「所有権絶対の法則」そして「私的自治の原則」です。これらの原則は、この社会で生きるうえでの「基本ルール」といえますが、中でも最も大切なのは、「私的自治の原則」とそれから派生する「過失責任の原則」です。

自由の代わりに自己責任～私的自治の原則～

一般の人はみんな、それぞれ自分の意思で自由に法律関係を決められるし、またその責任を負うべきで、国はその法律行為に干渉してはならないとする原則です。
具体的な中身として、以下のものなどがあります。
①誰が誰とどんな内容の契約・取引をするかの自由（契約自由の原則）
②会社や団体を作る自由（社団設立自由の原則）
③遺言を残す自由（遺言自由の原則）

ただし自由である半面、その結果、自分が損をすることがあっても自分の責任、ということです。

この「私的自治の原則」も、現代では100％そのままだと不都合が生じます。
たとえば「消費者契約」です。知識のない一般の消費者がプロの事業者に言われるがまま、とても不利な内容の契約を結ばされることがあります。
これも「契約を結んだあなた（消費者）が悪い」と言われると酷な場合があります。そのため、消費者と事業者が結んだ契約の一部は、消費者契約法により無効とされる場合があります。
このように「私的自治の原則」も、現代の状況の変化に応じて修正されています。

過失責任の原則

「私的自治の原則」によって「過失責任の原則」というものが成立します。
これは、自分の行動によって誰かに損害を与えてしまっても、それが自分の故意（わざと）か過失（うっかり）によるものでなければ、責任を問われることがない、という原則です。
どうしてこの原則があるのかというと、そうでもないといつなんどき責任を負わされるかわからず、怖くて自由な活動ができないからです。
たとえば道を歩いているだけで、近くで誰かがけがをすれば責任を負わされるかもしれない、というのは怖いですよね。

民事裁判と強制執行

あなたが誰かを相手に慰謝料請求の民事裁判を起こしたとします。そして闘いの末、勝訴判決を得たとします。相手も控訴をせず、判決が確定しました。では、慰謝料はいつ入ってくるのでしょうか？

実は相手が自発的にお金を支払わないかぎり、裁判で勝訴しただけでは、お金を回収することはできません。支払われない場合は、「強制執行」を行う必要があります。強制執行とは、相手の財産を差し押さえてお金に換えて、債権を回収する手続きです。

強制執行は自分で申し立てる必要がありますが、そのためにはまず、相手の財産になにがあるかを特定する必要があります。
相手の財産とは、預金や不動産、車などです。また勤務先などがわかれば、給与も差し押さえ対象の財産になります。
相手の財産の調査も、強制執行を行う側で行う必要があります。
相手の勤務先を把握することができれば、給与を差し押さえることが最も簡単な方法です。しかし、相手の財産をまったく把握することができなければ、強制執行を行うことは困難になります。
このため、民事裁判を起こすかどうか考えるときは、「最終的にお金を回収することが可能かどうか」という点も含めて検討する必要があります。
回収できなければ、勝訴判決は「絵に描いた餅」でしかありません。

刑事裁判でも慰謝料を請求できる場合

犯人を処罰する刑事裁判では、犯人に慰謝料を請求できないのが原則ですが、実は例外があります。「損害賠償命令の申立て」という制度です。
この制度は、被害者が申し立てを行えば、刑事裁判を行った同じ裁判所が、被告人に有罪判決を下した後に引き続き審理を行い、被告人に対して損害賠償を命じてくれる制度です。
この損害賠償命令の審理では、被告人を有罪にした同じ裁判官が、被告人を有罪にしたときと同じ証拠書類などを用いて判断をしてくれます。
また申立手数料が原則2千円と格安、審理回数も4回以内と通常の民事裁判に比べて早く決定をしてくれます。
ただし、被告人が無罪となった場合には、当然申し立ては却下となります。また裁判所による損害賠償命令の決定に被告人が「異議」を出すと民事裁判をやり直すことになります。
この制度を利用できる犯罪は、殺人、傷害、強制性交等、強制わいせつなど一定の種類の犯罪です。
このほか、刑事裁判の最中に、被告人から裁判外で任意の被害弁済の申し出を受けて、和解する場合があります。その和解の内容は、裁判所で「公判調書」に記載してもらうことができます。
そうすれば、被告人が和解の内容に従わずお金を払わないなどの場合に、強制執行ができるようになります（刑事和解）。

裁判では「真実が勝つ」とはかぎらない

刑事裁判には「疑わしきは罰せず」の原則があります。

そのため「検察官が犯罪を証明できないときには、被告人を有罪にすることができない」というルールになっています（刑事訴訟法第336条）。

ゆえに、たとえ真実は「被告人が犯罪を行った」のだとしても、法廷で検察官がそのことを証明できなければ、被告人は無罪になります。

被告人は、有罪の判決が出るまでは「無罪」と推定されます。別な言い方をすれば、検察官は証拠によって、この「無罪の推定」を乗り越えなければ、被告人を有罪にはできません。

民事裁判でも、自分と相手で主張が食い違ったときには、自分の主張を証拠によって証明しなければ、どんなに「真実」であっても、裁判所には認めてもらえないのが普通です。

このように裁判では「真実」どおりの判断・判決が出されるとはかぎりません。「常に真実が勝つ」わけではないのが裁判です。

金ピカの弁護士バッジは新人の証

ドラマに出てくる「いかにもやり手」の弁護士は、背広の襟に金ピカの弁護士バッジをつけています。でも実は、金ピカバッジは新人さんの証。弁護士バッジは、新品の時は金ピカですが、年数を経るとだんだんメッキが剥けて下地の銀色が出てきます。つまり、ベテラン弁護士ほどバッジは金ピカではないのです。

弁護士にとってメッキの剥げた弁護士バッジは一種の「ステータス」。経験年数を経ていない弁護士の中には、貯金箱の中にバッジを入れてカシャカシャ振ったりして「人工的に」傷つけ、メッキをはがそうとする人までいます。

弁護士バッジを紛失して再交付を受けると、金ピカのバッジから「再スタート」になり、ベテランなのに恥ずかしかったり……ということもあります。

[民法] 第521条　契約の締結および内容の自由

1　何人も、法令に特別の定めがある場合を除き、契約をするかどうかを自由に決定することができる。

2　契約の当事者は、法令の制限内において、契約の内容を自由に決定することができる。

[民事執行法] 第2条　執行機関

民事執行は、申立てにより、裁判所、または執行官が行う。

いつかその日がくるかも

裁判員裁判って、どういうもの？

裁判員制度は、一般国民が「裁判員」として裁判に参加し、裁判官と一緒に、「被告人は有罪か無罪か」「有罪の場合にどのくらいの刑を科すか」を決める制度です。

殺人、強盗致死傷、強制性交等致死傷、強制わいせつ致死傷、現住建造物等放火、保護責任者遺棄致死などの重大犯罪事件が対象です。

誰が選ばれるの？

20歳以上の衆議院選挙の選挙権を持つ人の中から、くじで裁判員候補者名簿が作られ、前年の11月頃に、候補者に選ばれたという通知が来ます。この通知が来ないかぎり、裁判員として呼ばれることはありません。

その後、候補者は裁判所に呼ばれ、その中から段階を経て選任されます。一つの事件で6名が選任されます。

裁判員の役割

①公判への立ち会い

裁判官と一緒に、法廷で公判（裁判）に立ち会います。公判では、証拠書類を読んだり、検察官や弁護人、裁判官が証人や被告人に質問するのを聞いたりします。裁判員から証人や被告人への質問も可能です。

②評議・評決

裁判官や他の裁判員と一緒に、被告人が有罪か無罪か、有罪の場合にはどの程度の刑に処すかを評議して決めます（評決）。評決は、原則全員一致でしますが、どうしてもまとまらない場合は多数決になります。

③判決の宣告

裁判官が判決を宣告するのに立ち会います。

①〜③までの全て実施して、5日程度かかる場合が多いとされています。これまでの最長は207日です。

なお裁判員には、日当や必要な旅費・宿泊費などが支給されます。

辞退はできないの？

裁判員は原則辞退できません。しかし、妊娠中の人や重い病気やけがのある人などは、例外的に辞退できます。弁護士や警察官、犯罪者（禁錮以上の刑を受けた者）など、もともと裁判員になれない人もいます。

裁判員を実際にやった人は「やってよかった」と思う人が大多数といわれています。裁判員に選任されたら、積極的に裁判へ参加してみてはいかがでしょうか。

お買い物は本当にほしいものを

あなたを守る法律

〔民法〕 **第555条　売買**

売買は、当事者の一方がある財産権を相手方に移転することを約し、相手方がこれに対してその代金を支払うことを約することによって、その効力を生ずる。

CASE 買ったものの、やっぱり似合わない気がするお洋服。レシートを持ってお店に返品を頼んだら断られた。

お店で買った品物の返品は、本来、お店が応じないなら強制できません。

店側が返品に応じなければならない法律上の義務はありません。
店が返品に応じるのは、サービスで自主的にそうしているというだけ。
お店に返品を強要すると「カスタマー・ハラスメント」「モンスター顧客」「クレーマー」などとも言われかねません。
「返品に応じないとネットで悪い評価をつける」などと言うと、場合によっては強要罪や脅迫罪に該当してしまう場合もあります。
お買い物も売買契約という契約。「契約自由の原則」に基づき、どんな契約を結ぼうと、あるいはそのために不利益が生じようと、それは契約をした当事者双方の自己責任です。

他方、「消費者を守る」という観点から、次のような場合には、法律上、契約を取り消したり、購入したものを返品できたりする場合もあります。

- 店員などが商品の内容・品質・効果、価格など重要な事柄について、嘘の説明をして、お客を誤信させた場合
- 店員などが商品などについて「将来絶対価値が上がります」などと、不確実な事柄について断定的な説明をしてお客を誤信させた場合
- 店員などが、商品のメリットだけを説明して、わざと、重要な欠点などを説明せずに、お客を誤信させた場合
- 訪問販売などで、断っているのに販売員が勧誘を続け、その末に契約・購入した場合

クーリングオフはどんなお買い物でも使える？

特定商取引法のクーリングオフ制度は、訪問販売や電話勧誘販売、エステや結婚紹介サービスなど法律が指定するサービスで一定期間、一定金額のものが対象です。この場合は購入から一定期間は、理由なく、契約を解除できます。また返品の際の送料などは、販売側の負担になります。
クーリングオフの期間は、販売の形態や契約の対象により、8日～20日となっていますが、この日数のカウントが始まるのは、法律で定めた内容が記載されている書面（法定書面）が渡された日です（その日を含む）。法定書面が渡されないかぎり、いつまでもクーリングオフができるということになります。

事例
CASE

コンビニでお菓子を万引きして見つかった。逃げるとき、追いかけてくる相手にぶつかり転倒させ、骨折させてしまった。

強盗として扱われ、強盗致傷罪（刑法第236条、第240条）、または事後強盗致傷罪（刑法第238条、第240条）が成立します。けがをさせるつもりがあったかどうかは無関係です。罪が成立すると、無期または6年以上の懲役となります。もし、被害者が亡くなってしまったら、強盗致死罪、または事後強盗致死罪で、死刑か無期懲役となります。ただし情状によって、軽くなる場合もあります。

ANSWER

解説

万引きは刑法の「窃盗罪」にあたる重い罪です。最高刑は懲役10年です。
窃盗罪には、万引きのほか、スリ、自転車泥棒、下着盗、空き巣など、さまざまなものがあります。
万引きを繰り返していると、刑法の窃盗罪ではなく、「盗犯等の防止および処分に関する法律」により、最高刑が懲役20年というとても重い処罰を科せられます。このような法律が特別にあるのは、それだけ万引きという犯罪の数が多く、やめられない人が多いからです。

事例
CASE

本屋さんで880円の文庫本を万引きしたら見つかって逮捕！
金額が少ないのに大げさじゃない？

決して大げさではありません。本の利益率は約20％ですので、1冊盗まれたら5冊売らないと取り戻せません。本屋さんの閉店や倒産が相次いでいる理由のひとつは、万引きといわれています。
また、さらに今後の万引きを防ぐため、店員を増やす、防犯カメラを多く設置するなどの費用が生じます。警察に届け出ても、捜査に協力するために相当な時間を取られるので、本屋さんとしてはこれも損害になってしまいます。
880円の本の万引きによって生じる被害は、本の代金である880円だけにとどまらないのです。

ANSWER

（消費者契約法）第4条　消費者契約の申込み、またはその承諾の意思表示の取り消し

1　消費者は、事業者が消費者契約の締結について勧誘をするに際し、当該消費者に対して次の各号に掲げる行為をしたことにより当該各号に定める誤認をし、それによって当該消費者契約の申込み、またはその承諾の意思表示をしたときは、これを取り消すことができる。

①重要事項について事実と異なることを告げること。当該告げられた内容が事実であるとの誤認

②物品、権利、役務その他の当該消費者契約の目的となるものに関し、将来におけるその価額、将来において当該消費者が受け取るべき金額その他の将来における変動が不確実な事項につき断定的判断を提供すること。当該提供された断定的判断の内容が確実であるとの誤認

特定商取引に関する法律

第9条　訪問販売における契約の申込みの撤回等

第15条の3　通信販売における契約の解除等

第24条　電話勧誘販売における契約の申込みの撤回等

第40条　連鎖販売契約の解除等

第48条　特定継続的役務提供等契約の解除等

（刑法）第222条　脅迫

1　生命、身体、自由、名誉、または財産に対し害を加える旨を告知して人を脅迫した者は、2年以下の懲役、または30万円以下の罰金に処する。

（刑法）第223　強要

1　生命、身体、自由、名誉もしくは財産に対し害を加える旨を告知して脅迫し、または暴行を用いて、人に義務のないことを行わせ、または権利の行使を妨害した者は、3年以下の懲役に処する。

（刑法）第235条　窃盗

他人の財物を窃取した者は、窃盗の罪とし、10年以下の懲役、または50万円以下の罰金に処する。

（刑法）第240条　強盗致死傷

強盗が、人を負傷させたときは無期、または6年以上の懲役に処し、死亡させたときは死刑、または無期懲役に処する。

（盗犯等の防止および処分に関する法律）第3条

常習として前条に掲げたる刑法各条の罪、またはその未遂罪を犯した者で、その行為以前の10年以内にこれらの罪またはこれらの罪と他の罪との併合罪につき、3回以上6カ月の懲役以上の刑の執行を受け、またはその執行の免除を得た者に対し、刑を科すべきときは前条の例による。

気持ちよく住みたいわたしの "お城"

あなたを守る法律

[民法] 第400条　特定物の引渡しの場合の注意義務

債権の目的が特定物の引渡しであるときは、債務者は、その引渡しをするまで、契約その他の債権の発生原因および取引上の社会通念に照らして定まる善良な管理者の注意をもって、その物を保存しなければならない。

[民法] 第606条　賃貸物の修繕等

1　賃貸人は、賃貸物の使用および収益に必要な修繕をする義務を負う。ただし、賃借人の責めに帰すべき事由によってその修繕が必要になったときは、この限りでない。

借りているお部屋が壊れたら……？

マンションなどを借りて住む場合、それはいずれ返すものです。そのため、「善良な管理者の注意（善管注意義務）」を持って大切に物件を使う必要があります。すなわち、「故意や不注意で壊さないように使う義務」ということです。

借りた人は退去するときに、「原状回復」の義務を負います。「原状回復」とは、「善管注意義務」に反して壊してしまった部分や、通常でない使い方をしたために損傷した部分などを元に戻す、という意味です。

しかし、家や部屋は、使っているうちにどうしても壊れてしまうことがあります。この場合、普通に家に住むために必要な修繕は、貸している側がしなければなりません。大家さんか、大家さんが委託している管理会社に修理が必要なことを伝えて、ただちに修理してもらいましょう。

10年住んだマンションを退去。その際、高額なリフォーム費用を請求された。

善管注意義務には、自然に傷んだ部分を直す費用や、リフォームして前より良くする費用を負担することまでは含みません。
特に自然に傷んだ部分については、毎月支払う家賃にその分が含まれているという考え方になるため、退去時にその分の補修費用を負担する必要はありません。

「原状回復費用」についてのトラブルは少なくないため、国土交通省が「原状回復をめぐるトラブルとガイドライン（再改訂版）」を制定・公表しています。このガイドラインによれば、家主の負担になるのは以下のものなどです。

- 家具を置いたことによる床やカーペットのへこみ
- フローリングの変色
- 冷蔵庫裏の壁紙の変色

逆に借主の負担になるものには、次のようなものがあります。

- 不注意でカーペットにこぼした飲料によるシミ
- 掃除をしなかったことによる台所の油、カビ
- ペットによる柱の傷、臭い
- 風呂やトイレの水垢、カビ

かんたんに壊れる砂のお城

オートロックとは「建物内に共用玄関のドアがあり、外からドアを開けるためには、鍵や暗証番号などを用いるか、居住者などに内側から鍵を解除してもらう必要がある共同住宅」を指します（国土交通省『平成30年住生活総合調査〔速報集計〕結果』）。

防犯のために、オートロックつきの物件がいいと思う人は少なくないでしょう。

オートロックでないマンション等と比較をすれば、オートロックのマンションのほうが安心かもしれません。しかしオートロックだからといって、絶対安心な場所ではありません。侵入リスクはそれなりに残されています。

オートロックのマンションでも、以下のような方法で不審者が侵入してくるといわれています。

①住民の後について入ってくる

マンションの住人がオートロックを開けて中に入るときに、不審者が住人に続いて侵入してくることが考えられます。不審者が素知らぬ顔で住人のふりをしていると、なかなか声をかけにくいものです。

ほかに宅配便の配達を装って、適当な部屋のインターホンを押し、ドアを開けてもらう方法もあるようです。

②センサーを誤作動させる

自動ドアタイプのオートロックの場合、外から入る際は鍵や暗証番号などが必要でも、内側からはセンサーが人を感知して自動でドアが開くものがあります。このしくみを利用して、ドアの隙間から紙などを差し込み、センサーを誤作動させて、外からドアを開けてしまえる場合があります。

③非常用開錠ボタンで開錠する

消防や救急隊などが緊急時に入れるよう、オートロックには非常用の開錠ボタンが設置されています。不審者がこのボタンを押してオートロックのドアを開けて侵入することも考えられます。

④オートロック以外の場所から侵入する

出入り口以外にも、簡単に乗り越えられる柵やベランダがあれば、そこから侵入される場合があります。

また、通用口を住民が開けっ放しにしているという場合もあります。

このように、オートロックのマンションでも、セキュリティ万全というわけではありません。「ちょっと近所のコンビニまで」というときでも、外出時には鍵をかけましょう。在室時も自室玄関の鍵はかけておきましょう。

なにより、ストーカーなどの加害者は外部だけでなく、同じマンションにいないともかぎりません。

「怪しいな」と思ったら110番

たとえば、複数の部屋のドアノブを回している（施錠していない部屋を探しているかも !?）、長時間共用部をうろついている、ドアをピッキングしているように見える、大声を出して騒ぐなどしている……そんな人を見つけたときは、110番をして警察官を呼びましょう。マンション

の共用部で不審な行動をとる者がいる場合は、犯罪発生につながる可能性が高い事態だからです。

共用部に入って開錠されている部屋を探している、という時点で、住居侵入罪の既遂となります。警察による職務質問の結果、不審者の言い分が嘘と言い切れない（犯罪の嫌疑が十分でない）場合でも、マンションから追い出してくれたりするほか、逮捕せず任意同行を求めて警察署に連れていくこともあります。

もちろん「不審者」に見えただけで、実はほかの住民が呼んだ人であり、犯罪性はなかったという場合もあるかもしれません。しかしそれならそれで、そのことを警察官に確認してもらえば安心です。

「不審者ではないかも」と思って警察への通報をためらった結果、なんらかの犯罪が行われることを、避けるべきでしょう。

下着を盗まれた

ランジェリーは女の子にとって特別なもの

あなたを守る法律

[刑法] **第235条　窃盗**

他人の財物を窃取した者は、窃盗の罪とし、10年以下の懲役、または
50万円以下の罰金に処する。

[刑法] **第130条　住居侵入等**

正当な理由がないのに、人の住居もしくは人の看守する邸宅、建造物も
しくは艦船に侵入し、または要求を受けたにもかかわらずこれらの場所
から退去しなかった者は、3年以下の懲役、または10万円以下の罰金に
処する。

下着を盗まれたということは、窃盗罪であることはもちろん、下着を干している庭やベランダ、はては室内に不審者が侵入したということでもあるため、住居侵入罪にも該当します。

下着というプライベートなものを盗まれるのは、心理的なダメージも大きいものです。その補償も含めて、加害者に請求することも可能です。

警察にはすでに、ほかの住民から同様の被害が届けられている場合もあります。できるかぎり警察に相談したほうがよいでしょう。

下着泥棒はさらに空き巣や強盗のほか、強制わいせつなどの性犯罪など、重大な犯罪へエスカレートすることもあり、その地域の治安の問題でもあります。警察が捜査に消極的な場合には、地域のほかの住民と一緒に行ったり、賃貸マンションやアパートの場合は大家さんからも言ってもらったりするなどして、捜査をしてもらうように強く求めていくことも考えられます。

実際に捕まえてもらうためには、盗まれた下着の種類、色などの特徴、買った時の金額、干していた場所や状況などを伝えます。すべてを正確に覚えていなくても大丈夫です。

CASE

高かったランジェリーもあるので、弁償してほしい。

代金を取り戻すのに一番確実で手間が少ないのが、犯人から「被害弁済」を受ける方法です。犯人は刑事処罰を軽くする目的で、「下着の代金相当額を支払いたい」と被害者に言ってくる場合があります。金額が納得のいくものであれば、これに応じてお金を受け取ることが考えられます。

ただし、犯人の処罰前に被害弁済を受け取ると、不起訴となることもありえます。また、基本的に犯人側に被害弁済をする意思がなければ、この方法でお金を受け取ることはできません。犯人に支払い能力がない場合もあり、盗まれた下着代全額が返ってくるとはかぎりません。

ANSWER

「被害弁済」以外の方法では、犯人に対して民事調停や民事裁判を起こすほかないでしょう。民事調停は、双方が合意できなければそれで終わりです。また、民事裁判自体に手間と費用がかかるほか、犯人に財産がなかったりして強制執行ができず、裁判に勝ってもお金を受け取れない、という場合があります。

勝手に見ていいものじゃないのよ

だめ!!!

あなたを守る法律

(東京都迷惑防止条例) 第5条　粗暴行為（ぐれん隊行為等）の禁止

1　何人も、正当な理由なく、人を著しく羞恥させ、または人に不安を覚えさせるような行為であって、次に掲げるものをしてはならない。

②次のいずれかに掲げる場所、または乗り物における人の通常衣服で隠されている下着または身体を、写真機その他の機器を用いて撮影し、または撮影する目的で写真機その他の機器を差し向け、もしくは設置すること。

イ 住居、便所、浴場、更衣室その他人が通常衣服の全部、または一部を着けない状態でいるような場所

ロ 公共の場所、公共の乗り物、学校、事務所、タクシーその他不特定、または多数の者が利用し、または出入りする場所、または乗り物

CASE ─ 駅のエスカレーターで、女子高生のスカートの下にスマホを差し入れている男がいた。

ANSWER

駅のエスカレーターは、公共の場ですので、どこの条例でも犯罪となります。

都道府県によって規制が違う

盗撮そのものを取り締まる法律はありません。

ただし、各都道府県の条例によって規制されています。そのため、規制される内容は都道府県ごとに異なります。

たとえば、会社の事務室で、社長が女性社員のスカートの中を盗撮した場合、東京や愛知では処罰されますが、ある県では罪に問えません。「誰かの家」などの私的スペースでの盗撮は、条例によって規制されていないことがあるからです。「公共の場」であれば、どこの条例でも罪に問えるでしょう。

処罰も、「1年以下の懲役または100万円以下の罰金（東京都、愛知県など）」や、「6カ月以下の懲役または50万円以下の罰金（鹿児島県、秋田県など）」など、都道府県によって罪の重さが違います。

条例で規制の対象になっていない場合でも、軽犯罪法を適用できる可能性があります。ただし、軽犯罪法は、場所が風呂場など「通常衣服をつけないでいるような場所」に限定されているうえ、罰則が「拘留・科料」しかありません。条例に比べてかなり軽いといえます。

状況によっては刑法の「建造物侵入罪」にあてはまる場合もあります。たとえば、男性が会社内の女性トイレで盗撮した場合、正当な理由がないのに女性トイレに入ったことを罪に問うものです。

ただし、この場合の被害者は、建物の管理者です。盗撮された女性は刑事事件の被害者とはなりません。

罰金と科料の違い

罰金も科料も、お金を支払わせる刑事罰です。罰金と科料の違いは、金額の大きさです。罰金は1万円以上（刑法第15条）、科料は1000円以上1万円未満です（刑法第17条）。科料は、比較的軽い罪の罰則ということになります。

ただ、たとえ1万円未満でも、納付しなければ、罰金と同じペナルティが科されます。財産を差し押さえられたり、刑務所に入って一定の作業をしたりしなければなりません。

盗撮機器は、巧妙なつくりになっているものも多く、ひと目でカメラと気づきにくいものばかりです。また、日に日に進化しています。通販サイトですぐ購入することもできてしまいます。なるべく情報を集めておくようにしましょう。

時計型

充電器型

モバイルバッテリー型

キーホルダー型

ライター型

CASE 会社の更衣室のロッカーで、小さなボタンのようなカメラを見つけた。警察に届けたところ、私の着替える様子が撮影されていた。

会社の更衣室は公共の場ではなく、私的なエリアです。そのため、地域によっては条例でも罪になりません。

ただし、刑法の「建造物侵入罪」にはなります。会社の女性更衣室に正当な理由なく侵入しているからです。

しかし、建造物侵入罪の被害者は建物の管理者ですので、会社の社長が侵入して盗撮した場合、盗撮した社長が被害者という矛盾が生じます。

ANSWER

CASE 学校のトイレの個室に入り、なにげなく上を見たら自撮り棒が出ていて、トイレの様子を盗撮されていた。

生徒が撮っていた場合、加害者も被害者も、ともに生徒ということになります。

この場合、条例違反に該当する場合でも学校によって対応が大きく変わることが考えられます。

残念ながら、生徒どうしの盗撮は増加傾向にあります。不審なことを感じたら、先生や親に相談しましょう。

また、個室に入ったら自撮り棒が覗いていないか、エチケットボックスなどに変なものがないかを確認する習慣をつけましょう。

ANSWER

写真を消されたら証拠がなくなる？

盗撮した相手がその場で動画・画像を消去しても、警察で復元できます。

その後の流れは、ほかの刑事事件と同じです。加害者が逮捕されるか、任意同行されるかして捜査がなされ、証拠が集まれば立件されます。示談が成立すれば不起訴になることもあります。

わたしのからだは立入禁止

刑法 第176条　強制わいせつ

13歳以上の者に対し、暴行、または脅迫を用いてわいせつな行為をした者は、6カ月以上10年以下の懲役に処する。13歳未満の者に対し、わいせつな行為をした者も、同様とする。

「痴漢罪」という犯罪はありません。しかし各都道府県の条例で、禁止行為として定められています。たとえば東京都の条例の場合、「公共の場所、または公共の乗り物において、衣服そのほかの身に着ける物の上から、または直接に人の身体に触れること」と規定されています。

罰則内容も各都道府県で異なりますが、たとえば東京都の場合、6カ月以下の懲役または50万円以下の罰金が科せられます。

痴漢がエスカレートして、「下着の中に手を入れて女性器をさわる」などの場合は、刑法の強制わいせつ罪となります。

もし痴漢にあったら……　満員電車の場合

満員電車では、誰がさわっているのかわかりにくいこともあります。また「この人痴漢です」と言っても、「違う」と言われた場合、目撃者もいなければ結局逃げられてしまいます。

できればさわってくる手を引っかくなどして、犯人の手に証拠を残すようにしましょう。被害者の爪に加害者の皮膚片があれば、DNA鑑定ができる可能性があります。自分のかゆい部分をかいても、爪の間に皮膚片は入るので、強くひっかく必要はありません。なお、安全ピンで刺すなどは、凶器とも考えられ、過剰防衛となる可能性があるためおすすめできません。

また衣服には犯人のDNAが残存している可能性があります。犯人がさわった部位をさわらないことが重要です。ただし、満員電車の痴漢では、いつどのようにDNAがついたのか判然としないので、証拠の価値は必ずしも高くありません。

携帯電話を操作していた場合

できれば加害者の顔や手を撮影しましょう。

逃げられても、顔が残っていれば後から捜査が可能になります。また、撮影すれば、発生場所や日時の特定に役立ちます。

深夜の帰宅途中などの場合

すぐに110番をしましょう。コンビニなどに入り、お店の人に110番を頼んでもかまいません。

犯人を捕まえられた場合、被害者は、警察から被害状況の事情聴取を受け、供述調書を作成します。また、「どのように被害にあったか」という再現を、被害者に見立てた人形を使って行います。ただし、加害者が逮捕されるかどうかは場合によります。示談が成立して不起訴になる場合もあれば、略式起訴で罰金、正式裁判になる場合もあります。

事例
CASE

犯人を捕まえようとしてくれた人がいたが、犯人が逃げてしまった……。

ANSWER

気づいた人が証言してくれる場合があるので、その人の名前や連絡先を聞いておきましょう。その人が110番通報してくれれば、記録に残るので、警察が協力を求めやすくなります。また、逃走されても防犯カメラに映っている可能性があるので、諦めずに通報しましょう。

事例
CASE

「そんな恰好をしているからだ」と言われた。私の恰好が悪いの？

ANSWER

どんな恰好をしていたとしても、他者の身体に勝手にさわることは許されません。

事例
CASE

痴漢にあった同じ電車に乗ったら犯人がいたが、現行犯でないと逮捕はできない？　顔をはっきり覚えており、相手に間違いはない。

ANSWER

以前痴漢にあったときにどんな証拠があるか、ということです。そのときの証拠がなければ、逮捕はできません。
よく乗り合わせる人が犯人の場合は、鉄道警察に相談しましょう。女性の私服警官が一緒に電車に乗ってくれ、再度痴漢してきたときに現行犯で逮捕できる場合があります。

ポイント

アプリなどを使った痴漢対策が進んでいます。
JR東日本（東日本旅客鉄道）は、列車内の痴漢防止対策として、スマートフォンの専用アプリで車掌に通報するシステムを開発し、実装に向けた検証を進めています。痴漢被害の情報を集めて、鉄道会社、パトロール警備、警察と共有し、対策を促すアプリ（痴漢レーダー）もあります。
警視庁によるアプリ「デジポリス」は、防犯ブザー機能や、犯罪の発生情報、「痴漢です」と書かれた画像を表示させ、周囲の人に無言で助けを求められる機能などが実装されています。

相手が冤罪を主張しているときはどうすればいい？

相手が冤罪を主張していても、自信があって「痴漢だ」と指摘したのであれば、相手の言い分は無視して通報するなど、次のステップに進んでいいでしょう。「ちょっと当たっただけだ！」などと言って相手が逃げようとしている場合も、自信があるのであれば、相手が認めようと否認しようと、通報しましょう。

痴漢は冤罪が多い？

痴漢は満員電車の中で行われることがほとんど。痴漢は冤罪が多いかのようにいわれていますが、冤罪はすべての犯罪で問題になりうることです。痴漢は母数がとてつもなく多いことが原因と考えられます。あまりに件数が多いため、届出自体がなされなかったり、届け出ても誰が犯人かわからなくて立件できないというのが現状です。

犯人を間違えてしまった場合

間違えたのがどの段階かによって異なると考えられますが、原則、間違えていた場合に罰せられることはないでしょう。

しかし間違えたことに重過失あるような場合は、損害賠償の対象になる可能性はあります。つまり重過失で間違えたことによって、実名が報道された、会社を解雇された、離婚になった、というような場合です。単に間違えただけで実害が生じていなければ、損害賠償責任は負いません。

過失責任の原則 → P.100

相手が示談にしたいと言ってきたら、どのように対処すればいい？

示談には、メリットとデメリットがあります。刑事責任・民事責任のその後の行方に大きな影響を及ぼしますし、実際に損害賠償金を回収できるのか、回収できるとして金額はどうなるか、などを判断する必要がありますので、示談の話が出たら、弁護士に相談するのがベストです。

示談にはいろんな方法がある

「示談」という言葉を一度は聞いたことがあるでしょう。ただ、言葉の捉え方は人によって異なります。法律上も、はっきりとした定義があるわけではありません。広い意味では、争いごとがあったとき、当事者どうしで合意をしてその争いを解決する、ということです。そして、その方法は人それぞれです。

「示談＝お金を払う」とはかぎらない

示談でお金による賠償がされる場合、その名目には「示談金」「慰謝料」「解決金」「被害弁償」など、さまざまなものがあります。「示談が成立した」というと、加害者はお金を払い、被害者はお金を受け取った、と思われがちですが、必ずしもそうではありません。損害が生じているときには、たしかにお金での補償をすることが多いですが、当事者どうしの意見が一致すれば、お金のやりとりはなく、「今後一切連絡を取らない」などの条件をつけて解決することもあります。ここで重要なのは、お互いが「それでいい」と合意することです。

示談は、相手を許すことが条件ではない

刑事事件が起きると、たいていの加害者は被害者に「示談」を持ちかけます。この場合、損害賠償金の支払いと引き換えに「宥恕」を求めてくることが大半です。「宥恕」とは、「許す」ことを意味します。しかし、被害者が許さなくても、合意があれば示談は成立します。本当は許す気持ちがないのに、宥恕文言の入った示談が成立すると、警察などから事件として見なされなかったり、不起訴になったり裁判になっても刑が軽くなったりします。本当にそれでいいのか、慎重に考えましょう。

示談は慎重に

刑事事件の場合、加害者の弁護人の中には、被害者に対し、「宥恕しないなら、損害賠償金は払わない」という人もいます。損害賠償してもらうには許すしかない、と思い込んでしまう人がいるのはこのためです。しかし、許す気持ちがないのに「お金のためだから仕方ない」と宥恕文言を残すことは、取り返しのつかない後悔につながります。被害回復が

遅れる原因にもなります。

　宥恕しなくても、損害賠償金の支払いを求める手段はあります。それを知らずに書面を交わしてしまうと、その後の変更はほぼ不可能です。被害者が弁護士と対等に交渉することは難しいので、被害者もできるだけ弁護士に相談しましょう。

「示談」という言葉を使わなくてもいい

　一般的に、「示談」には許すという意味が含まれるとみなされることが多いので、許せないのに「示談」という言葉を使うのに抵抗を感じることもあるでしょう。書面を作るときに「示談書」というタイトルを使いたくなければ、「合意書」「確認書」という言葉に置き換えることもできます。

示談に対する偏見

　性被害にあって「示談した」というと、「金目当て」「美人局（つつもたせ）」と決めつけて非難する人たちがいます。そうした非難を受けたくないために、一切の示談を拒否する被害者も少なくありません。また、性被害で「お金を受け取る」のは、売春と同じことではないか、と心配する人もいます。

　しかし、被害にあったなら、金銭賠償を受けるのは当然の権利です。加害者にきちんと謝罪させ、お金を払わせることは、加害者が犯罪を繰り返さないためにも重要です。被害者は悪くありません。堂々とお金を受け取ってよいのです。

示談は悪いことではない

　示談で紛争を解決させることに、うしろめたさを感じる人もいます。自分が示談したせいで、犯人は罪を逃れ、同じことを繰り返すのではないか、裁判で闘うことから逃げたのは卑怯ではないかと悩んでしまうようです。

　しかし、示談は、相手に罪を認めさせて謝罪させ、早く紛争を解決して日常生活に戻る手段です。被害回復の方法は人それぞれで、どのようにするのかは、慎重に検討すべきですが、示談を選ぶことは悪いことではありません。被害回復のプラスになるはずです。

街中でわいせつ物を見せられた

見ていたいのはキレイな景色だけ

あなたを守る法律

刑法 第174条　公然わいせつ

公然とわいせつな行為をした者は、6カ月以下の懲役、もしくは30万円
以下の罰金、または拘留もしくは科料に処する。

公然わいせつ罪は、「人前で全裸になった」「陰部を露出した」などというように、「公然と」「わいせつな行為」を行った場合に成立しえる犯罪です。

「公然と」とは、「不特定、または多数の人が認識することができる状態」をいうとされます。

密室でも「公然と」になる ➡ P.56

CASE 歩いていたら横に車が停車し、道を尋ねられた。車に近寄ると、運転席の男性が性器を露出させていた。

刑法第174条の「公然わいせつ」などにあたる行為です。すでに警察には、同じ地域で同じような被害の届け出がされている場合もありますし、これから同種の被害の届け出が相次ぐ場合も考えられます。警察に被害の相談しましょう。

ANSWER

CASE 公園で性行為をしている人がいた！

公園は誰でも自由に立ち入ることのできる場所。そこでの行為には公然性が認められやすいといえます。また、性行為が「わいせつな行為」にあたることは明らかです。

あとは、故意（わざと）があったかどうかが問題となります。つまり、当人たちに「不特定または多数の人に見られる可能性がある」という認識があったかどうかですが、公園という場所柄、故意があると認められることになるでしょう。

ANSWER

（軽犯罪法）**第1条**

左の各号の1に該当する者は、これを拘留、または科料に処する。

　⑳公衆の目に触れるような場所で公衆にけん悪の情を催させるような仕方でしり、ももその他身体の一部をみだりに露出した者

援 助 交 際 に 誘 わ れ た

どんな大金よりも重いもの

あなたを守る法律

[東京都迷惑防止条例] **第5条　粗暴行為（ぐれん隊行為等）の禁止**

1　何人も、正当な理由なく、人を著しく羞恥させたり、人に不安を覚えさせるような行為であって、次に掲げるものをしてはならない。

①公共の場所、または公共の乗り物において、衣服その他の身に着ける物の上からまたは直接に人の身体に触れること。

②次のいずれかに掲げる場所、または乗り物で、人の通常衣服で隠されている下着、または身体を、写真機その他の機器を用いて撮影し、または撮影する目的で写真機その他の機器を差し向け、もしくは設置すること。

③前2号に掲げるものの他、人に対し、公共の場所または公共の乗り物で、卑わいな言動をすること。

歩いていたら、援交に誘われた！

CASE

路上での「援助交際」申し込みは、各自治体が定める迷惑防止条例の中の「公共の場所等における卑わいな行為」に該当する可能性があります。

「卑わいな行為」には、性行為に誘うことや、「さわらせてほしい」といった発言も含まれます。

この行為は、多くの自治体の条例で6カ月以下の懲役、または50万円以下の罰金に処されることとなっています。なお常習違反者は1年以下の懲役、または100万円以下の罰金が科されるなどし、処罰が重くなります。

ANSWER

路上で援助交際を求められた場合、無視をし続けていると、逆上されるケースも考えられます。この場合、不安を感じたらすぐ110番通報をしてかまいません。たいていの場合は、あなたが110番通報をした時点で、相手はその場から逃げていくでしょう。

[児童買春禁止法] **第2条　定義**

2　この法律において「児童買春」とは、次の各号に掲げる者に対し、対償を供与し、またはその供与の約束をして、当該児童に対し、性交等をすることをいう。

①児童

②児童に対する性交等の周旋をした者

③児童の保護者（親権を行う者、未成年後見人その他の者で、児童を現に監護するものをいう）または児童をその支配下に置いている者

[売春防止法] **第1条　目的**

この法律は、売春が人としての尊厳を害し、性道徳に反し、社会の善良の風俗をみだすものであることにかんがみ、売春を助長する行為等を処罰するとともに、性行または環境に照して売春を行うおそれのある女子に対する補導処分および保護更生の措置を講ずることによって、売春の防止を図ることを目的とする。

[売春防止法] **第2条　定義**

この法律で「売春」とは、対償を受け、または受ける約束で、不特定の相手方と性交することをいう。

[売春防止法] **第3条　売春の禁止**

何人も、売春をし、またはその相手方となってはならない。

18歳未満の児童を買春した場合は、「児童買春禁止法（児童買春、児童ポルノに係る行為等の規制および処罰並びに児童の保護等に関する法律）」により、5年以下の懲役、または300万円以下の罰金に処されます。18歳未満の人はすべて「児童」に該当し、性別は問いません。

13歳未満の場合、たとえ合意が成立していると相手が認識していても、強制性交等罪（刑法第177条）、もしくは強制わいせつ罪（刑法第176条）に問われます。

対価をもらって性行為などをすること（売春）を規制する法律として、「売春防止法」があります。**「援助交際」「パパ活」「リフレ」など名称は問いません。**売春や売春の相手になることはこの法律で禁止されていますが、罰則の対象にはなっていません。

したがって、18歳以上の人に対価を払い、同意のうえで、性行為やそれに類似する行為をした場合は、処罰の対象にはならないということになります。

ただし、そのような事実がなんらかのかたちで発覚して、さまざまな不利益を被ることも少なくありません。

同意がなければ、強制性交等罪や強制わいせつ等の性犯罪になることもあります。

素顔のわからない出会い系 ➡ P.64

事例

CASE

知り合いの会社員から「友だちでギャラ飲みに来られる子を紹介してほしい。『最後まで』できる子。あなたにも紹介料を出す」と言われた。

「最後まで」という言葉に対して、あなたに「性行為を伴う」という認識があった場合、売春防止法で禁止されている「売春の周旋等」に該当するおそれがあります。売春防止法は、売春を持ちかけた人を厳しく取り締まります。

周旋とは、売春したい人と買春したい人との間の仲介をすることです。売春防止法では、人を売春の相手になるように勧誘したり、道路やそのほかの公共の場所で人の身辺に立ちふさがったりつきまとったりすること、広告を出すこと、そのほかこれに類似する方法で人を売春の相手となるように誘引することを禁止しています。

対価を受け取らなくても、これらの行為に該当すれば処罰されます（2年以下の懲役または5万円以下の罰金）。

しかし、もともと性行為を伴わない「デート」や「飲み会」だけのつもりだったのに相手から性行為を強要された場合は、性犯罪の被害であり、売春にはあたりません。性行為を強要された後に、加害者から一方的に金銭を渡されても、売春ではありません。

ANSWER

Chapter 5

しごと

のトラブルと法律

Labor

気持ちよく働きたい

あなたを守る法律

憲法 第28条　勤労者の団結権等

勤労者の団結する権利および団体交渉その他の団体行動をする権利は、これを保障する。

働く人の権利はどうやって守るの?

会社などで働いていると「マタハラ退職」「リストラ」「派遣切り」「雇い止め」など、嫌な言葉にぶつかることがあります。

労働者は、雇う側に比べて弱い立場に置かれています。そこで労働者のさまざまな権利が法律で守られていますが、その中に「労働三権」と呼ばれるものがあります。

「労働三権」とは、労働組合とその運動に関する権利であり、次の3つで構成されています。いずれも、働くすべての人に関係する権利です。

- 団結権…労働組合を結成する権利
- 団体交渉権…労働組合が会社と交渉する権利。会社は、労働組合との交渉を断れません
- 団体行動権…ストライキのこと

労働組合は簡単に言うと、「労働者が、労働条件の改善などのために自分たちで組織した団体」のことです(労働組合法第2条)。

労働者は、団結して労働組合を結成し、集団で雇用者と対峙することで、初めて対等な立場に立って、労働条件の改善のために交渉することが可能になります。

CASE 業務が忙しくて、残業だけで年間500時間くらいになってしまう。

残業時間には、上限があります。通常、年間360時間を超える残業は違法です。

残業は何時間までしていいの?

本来、労働基準法では、休日労働や1日8時間・週40時間を超えて労働者を働かせると違法になります(第32条)。

しかし例外的に、労働組合や労働者の代表と「協定」を結んで協定書を労働基準監督署へ提出すれば、休日に出勤をさせたり、1日8時間・週40時間を超えて一定の上限まで残業をさせたりしてもよい、とされています。

この協定は、労働基準法第36条に定められているため「36協定(サブロクキョウテイ)」と呼ばれています。36協定で延長できる上限は、原則として年間360時間、月45時間までです。この時間を超えると、違法になります。

もっとも、現在ではほとんどの会社が36協定を締結しており、原則と例外が逆転しています。

事例

会社が「36協定で年間360時間までしか残業はできないから、それ以上の時間残業をしてもその分の残業代は支払わない」と言ってきた。

ANSWER

この場合、会社は、36協定に違反したうえに残業代の不払いという、ダブルで違法行為を行うことになります。36協定を超える分の残業に対して残業代を払わなくてよい、ということは決してありません。

事例

飲食店でパートをしている。作業が長引いたときなど、たまに残業があるが、残業の時間が30分を超えないと、残業代が請求できないルールになっている。

ANSWER

30分以内であっても時間外労働、すなわち残業です。使用者にはその分の賃金を支払う義務があります。

解説

「残業のつけ方」の職場ルール

残業代について、職場によってルールがあるかもしれません。たとえば「残業代は10分単位で請求する」「制服に着替えたり、制服から私服に着替えたりする時間や朝礼などは勤務時間に含まない（残業代は出ない）」「残業代の請求に上限がある」などです。

これらはそれぞれの職場で勝手に決めているもので、いずれも違法の疑いが強いものです。

残業代は、通常分単位で、働いた分だけ、さらに法定の労働時間を超えた部分については割増で（月60時間までは1.25倍以上1.5倍未満）支払いを受けることができます。

ただし、そもそも残業がつかない勤務形態（高度プロフェッショナル制度の対象となった場合等）もあります。

この事例のようなケースで残業代を請求するには、労働審理の申し立て、訴訟の提起、労働基準監督署から指導をしてもらうことなどが方法として考えられます。

そのためには事前に、実際の勤務時間を記録しておく必要があります。
職場にタイムカードがあり、正確な勤務開始・終了時間が打刻されていれば、写真やコピーを取ることが考えられます。
職場にタイムカードがなければ、勤務時間をメモしておくだけでも証拠になります。また業務で送ったメールの時間や、職場の時計の写真なども証拠になります。
実際にどのような業務をしていたかについても、上司の指示の内容をメモしたり、送信メールをプリントアウトしたりして、証拠を準備しておくとよいでしょう。

(労働基準法) **第32条　労働時間**
1　使用者は、労働者に、休憩時間を除き1週間について40時間を超えて、労働させてはならない。
2　使用者は、1週間の各日については、労働者に、休憩時間を除き1日について8時間を超えて、労働させてはならない。

(労働基準法) **第36条　時間外および休日の労働**
1　使用者は、当該事業場に、労働者の過半数で組織する労働組合がある場合においてはその労働組合、労働者の過半数で組織する労働組合がない場合においては労働者の過半数を代表する者との書面による協定をし、厚生労働省令で定めるところによりこれを行政官庁に届け出た場合においては、第32条から第32条の5までもしくは第40条の労働時間、または前条の休日に関する規定にかかわらず、その協定で定めるところによって労働時間を延長し、または休日に労働させることができる。

(労働基準法) **第37条　時間外、休日および深夜の割増賃金**
1　使用者が、第33条、または前条第1項の規定により労働時間を延長し、または休日に労働させた場合においては、その時間、またはその日の労働については、通常の労働時間、または労働日の賃金の計算額の2割5分以上5割以下の範囲内でそれぞれ政令で定める率以上の率で計算した割増賃金を支払わなければならない。ただし、当該延長して労働させた時間が1ヵ月について60時間を超えた場合においては、その超えた時間の労働については、通常の労働時間の賃金の計算額の5割以上の率で計算した割増賃金を支払わなければならない。

事例

長く勤めた会社を退職する。有給休暇がたまっていたので、退職前に全部消化しようと申請したら、上司から却下された。

ANSWER

退職間際であっても、退職するまでは労働者としての権利があるので、有給休暇を取得できます。
有給休暇は、原則として、労働者の請求する時季に与えなければなりません。
例外として「事業の正常な運営を妨げる場合」には、使用者が有給の時期を変更することができます。しかしそれでも、有休を取らせないことはできません。

関連条文

（労働基準法）第39条　年次有給休暇
5　使用者は、前各項の規定による有給休暇を労働者の請求する時季に与えなければならない。ただし、請求された時季に有給休暇を与えることが事業の正常な運営を妨げる場合においては、他の時季にこれを与えることができる。

事例

職場で荷物を運んでいて階段で転倒し、足の骨を折る重傷を負った。治療費がかかるため、会社に労災申請を頼んだが、「転んだあなたが悪い」と言って申請をしてくれない。

労災は自分で労働基準監督署に申請します。申請書には、会社に労災が生じたことを証明する記載をしてもらう必要があります。会社には証明に応じる義務がありますが（労働者災害補償保険法施行規則第23条第2項）、会社が応じない場合は、労働基準監督署にその旨を伝えて相談をしましょう。

ANSWER

手続き

会社が労災を認めてくれない場合
会社が労災と認識しながら、意図的に労災を隠そうとするのは犯罪行為で（労災隠し）、処罰の対象になります。
ただ、客観的に労災かどうか判断が難しい場合もあります。たとえば、長時間労働や上司のパワハラなどでうつ病を発症した場合などです。
いずれにしても、会社が労災の申請をしてくれない、協力してくれないときには、労基署に相談し、会社の証明なしで申請をする方法について指示を受けましょう。

「労災」とは、「労働災害」の略で、仕事上や通勤途上でけがをしたり、病気になったりすることです。このような場合、けがをした人や病気になった人、またはその遺族は、給付金を受け取ることができます。

一人でも人を雇う事業者は「労働災害補償保険」という保険に強制加入させられて、保険料を支払います。その保険から、労災が生じたときに労働者が給付金を受け取ります。

労災には、以下の2種類があります。

- 業務災害…仕事をしている最中のけがや死亡
- 通勤災害…通勤している最中のけがや死亡。ただし、別の用事などで遠回りしている最中のけがや病気は給付金の対象外になる場合があります

給付金には、以下の種類があります。

- 療養給付金（通勤時）・療養補償給付金（業務時）
  けがや病気になったときの療養費を給付してもらえます。
- 休業給付金（通勤時）・休業補償給付金（業務時）
  けがや病気で働けなくなった場合に給与の60％または80％を給付してもらえます。
- 遺族給付金（通勤時）・遺族補償給付金（業務時）
  けがや病気で亡くなった場合に、遺族が一時金や年金をもらえます。
- 葬祭給付（通勤時）・葬祭料（業務時）
  けがや病気で亡くなった場合に、葬儀費用の給付を受けられます。
- 障害給付金（通勤時）・障害補償給付金（業務時）
  けがや病気で後遺障害が生じたときに、一時金や年金をもらえます
- 介護給付金（通勤時）・介護保障給付金（業務時）
  障害により介護を受けているときに、介護費用の支払いを受けられます。
- 二次健康診断等給付金
  会社の定期健康診断で、過労死につながる脳や心臓の病気が見つかった場合に、2回目の健康診断や保健指導の費用を給付してもらうものです。

（労働者災害補償保険法施行規則）第23条　事業主の助力等

1　保険給付を受けるべき者が、事故のため、みずから保険給付の請求その他の手続きを行うことが困難である場合には、事業主は、その手続を行うことができるように助力しなければならない。

2　事業主は、保険給付を受けるべき者から保険給付を受けるために必要な証明を求められたときは、すみやかに証明をしなければならない。

事例
CASE

正社員として勤務してきた会社。退職したいと上司に伝えたら「人手不足なのに辞めてもらっては迷惑だ」「自分勝手だ」などと言われ、辞めさせてもらえない。

ANSWER

正社員など期限の定めのない雇用契約の場合、民法では、労働者から退職の申し出をしてから2週間で雇用関係は終了すると規定しています。

解説

会社側は、労働者の保護のため、労働者を自由に解雇することはできません。しかし、労働者の側はより自由に会社を退職することができます。
正社員（期間の定めのない雇用）の場合は、退職の申し出をしてから、2週間で雇用契約が解消されます（民法第627条）。使用者の同意はいりません。

ただし、就業規則で退職申し出の期間が定められている場合（退職日の3カ月前までに、など）には、それに従うほうがよいでしょう。この場合に、就業規則と法律の規定のどちらを優先すべきかは、実は考え方が分かれています。

契約社員など、期間の定めのある雇用契約の場合、従業員から期間途中で退職を申し出ることができるのは、次の場合です。
- 雇用期間が1年以上の場合……最初の勤務開始から1年経過後は、使用者に申し出ることでいつでも（労働基準法附則第137条）
- 最初の勤務開始から5年経過後……2週間前に予告することでいつでも（民法第626条）
- 「やむを得ない事由」がある場合……いつでも（民法第628条）
- 実際の賃金や労働時間など労働条件が、就職前の説明と異なる場合……いつでも（労働基準法第15条）

「やむを得ない事由」には、給料の未払い、残業代の未払い、労働者の心身の病気、親族の介護の必要または業務が法令に違反しているなどの場合があります。

手続き

退職の申し出る方法は、社内に退職届の様式などルールがある場合は、それに沿って行うほうがスムーズです。しかし、社内ルールに沿って退職の申し出を行ったのに応じてもらえない場合には、会社の代表者や人事部長などに宛てて内容証明郵便を発送して退職の意思表示をしましょう。

労働基準法は、民法の雇用契約分野における特別法として制定されたものです。その**労働基準法に1947年に規定された制度が生理休暇**です（第68条）。この規定に違反した者は、30万円以下の罰金に処されます（第120条）。

生理休暇は、生理の症状が重いために働けない女性のために、休暇を取ることが認められています。正規雇用・非正規雇用を問わず、**女性労働者であれば誰でも請求できますが、生理だからというだけで休めるというものではありません。症状が重くて働けないことが条件です。**また、生理休暇が無給か有給かについて法律上の定めはなく、会社次第です。

取得するのに、特に決まった手続きは定められていません。生理の周期が不安定な人もいますので、事前に日にちを指定する必要はありません。しかし、突然休まれると仕事に支障をきたす場合もありますので、日頃から互いに仕事をフォローできるように協力しておくのがよいでしょう。

〔労働基準法〕**第68条 生理日の就業が著しく困難な女性に対する措置**
使用者は、生理日の就業が著しく困難な女性が休暇を請求したときは、その者を生理日に就業させてはならない。

〔民法〕**第626条 期間の定めのある雇用の解除**
1 雇用の期間が5年を超え、またはその終期が不確定であるときは、当事者の一方は、5年を経過した後、いつでも契約の解除をすることができる。
2 前項の規定により契約の解除をしようとする者は、それが使用者であるときは3カ月前、労働者であるときは2週間前に、その予告をしなければならない。

〔民法〕**第627条 期間の定めのない雇用の解約の申入れ**
1 当事者が雇用の期間を定めなかったときは、各当事者は、いつでも解約の申入れをすることができる。この場合において、雇用は、解約の申入れの日から2週間を経過することによって終了する。

〔民法〕**第628条 やむを得ない事由による雇用の解除**
当事者が雇用の期間を定めた場合であっても、やむを得ない事由があるときは、各当事者は、直ちに契約の解除をすることができる。この場合において、その事由が当事者の一方の過失によって生じたものであるときは、相手方に対して損害賠償の責任を負う。

〔労働基準法〕**第15条 労働条件の明示**（一部抜粋）
（略）明示された労働条件が事実と相違する場合においては、労働者は、即時に労働契約を解除することができる。

飲みこんだ"ノー"の数だけ心が枯れそう

あなたを守る法律

(男女雇用機会均等法) 第11条　職場における性的な言動に起因する
問題に関する雇用管理上の措置

1　事業主は、職場において行われる性的な言動に対するその雇用する
労働者の対応により当該労働者がその労働条件につき不利益を受け、ま
たは当該性的な言動により当該労働者の就業環境が害されることのない
よう、当該労働者からの相談に応じ、適切に対応するために必要な体制
の整備その他の雇用管理上必要な措置を講じなければならない。

セクハラことセクシュアル・ハラスメントの定義はさまざまですが、広く捉えると「望まない性的言動」です。**「セクハラ罪」という罪はありません。ただし内容によって、迷惑防止条例違反、強制わいせつ罪、強制性交等罪、名誉毀損罪、侮辱罪などにあたる可能性があります。**セクハラについて直接規定しているのは、男女雇用機会均等法で、職場での性的言動から起こる問題について定められています。「性的な言動」には、一般的に次のようなものが含まれます。

- 発言型…何度も容姿を批判する、性的な経験を尋ねる、卑わいな話をする　など
- 身体接触型…意に反して女性従業員の腰、おしり、胸などにさわったり抱きついたりする
- 視覚型…職場にヌードポスターを掲示する、宴席で裸踊りを見せたりする　など

セクハラを広い意味に捉えると、職場に限られず、性的な冗談からレイプまで、あらゆる場面でセクハラは生じているともいえます。
「望んでいない」というのは、性的な言動があっても、合意のうえであれば違法性がないからです。
職場でのセクハラは、上司や取引先など、立場上断りにくい関係が利用されがちです。解雇、降格、減給、労働契約の更新拒否、昇進・昇格の対象からの除外などの不利益を受けるのではないかとのおそれから、拒否や抵抗がしにくいのです。

セクハラは性別問わず起きる

この法律が対象とする「労働者」とは、性別を問わず、非正規労働者を含むすべての労働者です。男性に対しても、女性と同様、セクハラの被害が生じえます。たとえば、過去の性経験について聞かれる、風俗店へ一緒に行くことを強要される、職場で好意を持っている女性の名を言わされる、上司や上司の知人の娘との結婚を求められる、などといった事例がありえます。

CASE

仕事の取引先から呼び出されて行くと、最初は仕事の話をしていたのが、しだいに身体にさわりはじめた。「やめてください」と言うと「うちとの取引がなくなったら困るだろう?」と、関係を持つようほのめかされた。

取引先のこのような要求に応じる必要はありません。この場合は取引先との関係でありますが、男女雇用機会均等法の「職場」と考えられます。また刑法の強制わいせつ罪、強要罪、迷惑防止条例違反などにもあたる可能性があります。自分の会社に相談しても「取引先なので我慢して」などと言われ、まともに対応してもらえない場合は、弁護士などの専門家に相談してみましょう。

ANSWER

事例
CASE

深夜、会社で残業中、上司に強引にキスをされたり、胸をさわられたり、強引に性的関係を持たされたりした。

このような場合は、強制わいせつ罪、強制性交等罪にあたります。十分な証拠があれば、刑事告訴も検討できるため、弁護士に相談しましょう。

したくない性的行為をさせられた ➡ P.32

ANSWER

ポイント

「あの人、上司と不倫しているらしい」などと性的な内容のうわさを流すなどの行為は名誉毀損罪に、大勢の前で「お前みたいな人間と性行為をするやつはいない」などと性的に侮辱する行為は侮辱罪に問われることも考えられます。

度を超した悪口、うわさ話 ➡ P.54

手続き

「望んでいない」意思を示そう

セクハラを嫌がる気持ちを隠して笑顔で対応していると、相手が「受け入れてもらえている」と勘違いをして、行為がエスカレートする危険もあります。**このような対応は「合意していたと思っていた」と相手が主張する余地を与えてしまうため、裁判などで不利に働く要因にもなりかねません。**

- ほかの誰にも知られない方法で、セクハラ行為をしている当の本人に「それはセクハラなのでやめてください」とはっきり伝える
- 信頼できるほかの社員・上司に相談して、やめるよう伝えてもらう
- 社内に設置されている相談窓口に相談する
- 外部の相談機関に相談する

このような対応で、嫌がっているという意思表示をしましょう。
会社に相談し、調査の結果セクハラがあったと判断された場合、加害者がなんらかの処分を受ける可能性があります。ただし、相手を解雇するかは会社の判断によります。
社長のように、社内で大きな権限を持つ人が加害者の場合、会社の相談窓口や人事部に相談しても、見て見ぬふりをされてしまうこともあるのが現状です。そのような場合は、労働基準監督署や弁護士に相談しましょう。

メモや日記を書いておく

慰謝料請求として訴える、あるいは警察に被害届を出すことも考えられますが、争いになると証拠が必要になります。いつ、どこでどのようなことをされたかメモに残したり、抗議に行くときは録音するなどします。会社に相談する際も、客観的な証拠を確保しておくのが望ましいでしょう。

メモは、具体的に書くことが重要です。後から書き加えたものと、そのときに書いたものでは差が出ます。 その日のうちに親や友人にメールなどで送信しておけば、より信頼性が高まります。

企業規模や職場の状況を問わず、事業主は、職場でのセクハラ防止のために次の措置を行うことが義務づけられています。
- 事業主の方針の明確化およびその周知、啓発
- 相談や苦情に対応するための体制の整備
- 職場のセクハラに対する適切かつ迅速な対応
- 相談者のプライバシーを守ること
- セクハラの相談をしたことで、その相談者を不当に扱わないこと

セクハラかコミュニケーションか

「相手が嫌だと思えばなんでもセクハラになるの？」という疑問があがることがあります。これは、「性的な言動で、職場の人が嫌な思いをすればセクハラになる」という意味では正しいと考えられます。そもそも通常、職場において「性的な言動」は業務に無関係です。それによって不快な思いをする人がいることはあってはならないことです。

もちろん、業務上必要な内容であれば、性的であってもセクハラにならない例外的な場合もありえるでしょう。たとえば、社内のセクハラ事案について調査をする場合に、被害者に被害状況を聴取する場合や、制服などを作るためにサイズを確認する場合などです。しかしそのような場合でも、できるだけ不快な思いが生じないよう、職場には最大限の配慮が求められます。

事業主が職場における性的な言動に起因する問題に関して雇用管理上講ずべき措置についての指針（平成18年厚生労働省告示第615号）

2　職場におけるセクシュアルハラスメントの内容

　④「性的な言動」とは、性的な内容の発言および性的な行動を指し、この「性的な内容の発言」には、性的な事実関係を尋ねること、性的な内容の情報を意図的に流布すること等が、「性的な行動」には、性的な関係を強要すること、必要なく身体にさわること、わいせつな図画を配布すること等が、それぞれ含まれる。

「女の子らしさ」に囚われない

あなたを守る法律

（男女雇用機会均等法）第6条

事業主は、次に掲げる事項について、労働者の性別を理由として、差別的取り扱いをしてはならない。

①労働者の配置、昇進、降格および教育訓練

「女性はこうあるべき」「女性はこうすべき」

「ジェンダー」とは、社会的につくりだされた性別・性差のことです。たとえば、「女性はピンク、男性はブルー」「仕事は男の役目、家事・育児は女の役目」といったものがジェンダーです。生物学的な意味での性別・性差とは意味が異なります。

「ジェンダー・ハラスメント」とは、固定的なジェンダー観に基づいて、差別的な取り扱いなどをすることです。

たとえば職場なら、次のようなものがあります。

- 女性にだけ、通常の業務に加えて、お茶くみ、清掃、来客の案内などの業務をさせる
- 「男は社会に出て必死で働き、女は家庭に入って、育児をするべきだ」などと、自分のジェンダー観を押しつける発言をする
- 男らしさを過度に強調し、力仕事を一方的に負わせる
  態度や仕草に力強さを求める（「男なのに」「男のくせに」）
- 女性だから、と針仕事を押しつける

男性から女性に行われるものと限らず、同性間、性的指向や性自認が違う人に対しても行われる可能性があります。

CASE

職場の暗黙の了解で、女性は売上の大きい重要なクライアントを任せてもらえない。そのため、自分の営業成績はほかの男性社員と比べるとどうしても高くならない。

「女性だから」という理由だけで、その人の実力や適性とは無関係にクライアントを割り振るのは、適切とは考えられません。

上司や会社に改善を求めても「性別が理由でなく、適材適所を考えた結果」と弁解されてしまった場合、性別による差別的取り扱いがされていることの証明が困難な場合も考えられます。

そのため、普段から上司の発言などを録音・記録したり、他の女性社員の営業成績について情報を集めたりするなど証拠を集めておきましょう。

ANSWER

セクハラとどう違うの？

「セクシュアル・ハラスメント」は、その行為自体に、性的な意味が含まれるものです。たとえば、性行為を求める、身体をさわるなどです。

これに対して「ジェンダー・ハラスメント」は、その行為自体にはあまり性的な意味は含まれません。そのため、多くの場合「ジェンダー・ハラスメント」は「セクシュアル・ハラスメント」には該当しません。

しかしこのような「ジェンダー・ハラスメント」が会社で起これば、「性別に関係なく実力を評価してもらえる」との期待を裏切るもので、働く意欲を大きく損なうものです。

職場でのセクハラ ➡ P.138

労働者に対する性別を理由とする差別の禁止等に関する規定に定める事項に関し、事業主が適切に対処するための指針（平成18年厚生労働省告示第614号）

第2　直接差別

3　配置（業務の配分および権限の付与を含む）（法第6条第1号関係）

（2）配置に関し、一の雇用管理区分において、例えば、次に掲げる措置を講ずることは、法第6条第1号により禁止されるものである。ただし、14の（1）のポジティブ・アクションを講ずる場合については、この限りではない。

　　ホ　配置における業務の配分に当たって、男女で異なる取り扱いをすること。

　　　（異なる取り扱いをしていると認められる例）

　　　②男性労働者には通常の業務のみに従事させるが、女性労働者については通常の業務に加え、会議の庶務、お茶くみ、そうじ当番等の雑務を行わせること。

労働安全衛生法　**第3条　事業者等の責務**

1　事業者は、単にこの法律で定める労働災害の防止のための最低基準を守るだけでなく、快適な職場環境の実現と労働条件の改善を通じて職場における労働者の安全と健康を確保するようにしなければならない。また、事業者は、国が実施する労働災害の防止に関する施策に協力するようにしなければならない。

事例

CASE

会社のルールで女性社員はヒールのあるパンプスを履かないといけない。パンプス着用のために外反母趾などになった場合、労災申請を認めてもらうことはできる？

労災と認めてもらえる可能性はあります。ただし、職場でのパンプス着用が外反母趾の原因であることを証明しなければなりません。
そのために、普段はパンプスを履いていないこと、足に合ったものを履くよう努力したにもかかわらず外反母趾になったこと、ほかに原因がないことを説明する必要があります。制服のように、会社の支給したパンプスや会社指定のパンプスだった場合などは、労災を認められやすいでしょう。
普段から仕事以外でもパンプスを履く機会が多い場合には、労災として認められるかは難しい可能性があります。

ANSWER

解説

服装規定で、「靴はパンプスのみ」「メガネは禁止」「化粧必須」といったルールが定められている職場があります。
足の形に合わないパンプスを長時間履き続けることで、強い痛みに苛まれ、外反母趾や腰痛などの健康被害につながることもあります。

これを受け、2019年にはSNS上で「#KuToo運動」が社会の注目を集めました。「#KuToo運動」とは、職場でのパンプス着用の強制をやめるように促す運動です。女性にだけ、健康を害してでもパンプスを強制するのは「女性差別」ではないか、というのが「#KuToo運動」の主張の一つです。

靴に限らず、メガネの着用のほか、さまざまな事例についても同じような指摘がなされ、女性に対してだけ、明示的にまたは暗黙に、身なりについて強要されているケースがあるのではないか、との声が上がっています。

労働安全衛生法第3条により、事業者は、「快適な職場環境の実現と労働条件の改善を通じて職場における労働者の安全と健康を確保する」義務を負っています。職場が女性に健康を害するような靴の着用を強制したり、メガネの着用を禁止したりすることは、この義務に違反していると考えられます。
労働安全衛生法第3条に違反しても罰則はありませんが、業務上の指示で労働者にけがをさせた場合は、業務上過失致死傷罪等が適用になる場合はありえます。

子どもも仕事もどっちも大事にしたいの

(男女雇用機会均等法) **第9条　婚姻、妊娠、出産等を理由とする不利益取り扱いの禁止等**

3　事業主は、その雇用する女性労働者が妊娠したこと、出産したこと、労働基準法第65条第1項の規定による休業を請求し、または同項もしくは同条第2項の規定による休業をしたこと、その他の妊娠または出産に関する事由であって厚生労働省令で定めるものを理由として、当該女性労働者に対して解雇その他不利益な取り扱いをしてはならない。

女性は妊娠や出産のために、どうしても仕事を制限しなければならない時期があります。そのために、会社から不利益な取り扱いを受けることを「マタニティ・ハラスメント（マタハラ）」といいます。

男女雇用機会均等法では、婚姻や妊娠、出産を理由に、労働者を辞めさせることはもちろん、「不利益な取り扱い」をしてはならないと定められています。

「不利益な取り扱い」には、不合理な減給や配置転換、降格、契約の更新をしないことなどがあります。

マタハラの相談先

会社には、マタハラに関する相談窓口を設置する義務があります。まずはそちらに相談してみるのもよいでしょう。

しかし、会社が動いてくれそうにない、実際に相談しても動いてくれなかった、などの場合には、各都道府県の労働局へ相談し、労働局から職場へ助言や指導を行ってもらう方法があります。

それでもしつこく早期の復職を求められた場合や、復職を拒んだ結果、解雇や雇い止めなどの不利益な扱いを受けた場合には、労働局の「あっせん」を利用するか、裁判などを起こさざるをえない場合もあると考えられます。

会社に訴えても改善されないとき ➡ P.151

[男女雇用機会均等法] **第9条（続き）**

1 事業主は、女性労働者が婚姻し、妊娠し、または出産したことを退職理由として予定する定めをしてはならない。

2 事業主は、女性労働者が婚姻したことを理由として、解雇してはならない。

4 妊娠中の女性労働者および出産後1年を経過しない女性労働者に対してなされた解雇は、無効とする。ただし、事業主が当該解雇が前項に規定する事由を理由とする解雇でないことを証明したときは、この限りでない。

[労働基準法] **第65条　産前産後**

1 使用者は、6週間（多胎妊娠の場合にあっては、14週間）以内に出産する予定の女性が休業を請求した場合においては、その者を就業させてはならない。

2 使用者は、産後8週間を経過しない女性を就業させてはならない。ただし、産後6週間を経過した女性が請求した場合において、その者について医師が支障がないと認めた業務に就かせることは、差し支えない。

3 使用者は、妊娠中の女性が請求した場合においては、他の軽易な業務に転換させなければならない。

CASE

契約社員。妊娠したため、産休を取ると職場に伝えたら、来月予定されていた次の契約更新はしないと言われた。

ANSWER

契約社員で、そもそも雇用期間が数年間とされている場合でも、妊娠を理由とした雇い止め（契約不更新）は禁止されています。職場に対し撤回を求めましょう。

手続き

出産を控えていると、なかなか身動きが取れず、各都道府県の労働局や弁護士との相談にも行きにくいこともあります。
そのような場合には、**最低限、職場に対して「雇い止めを了承・承諾しない」という意思表示をしておく**ことが必要です。手紙やメールでよいです。

そのうえで、出産・産褥期を過ぎてから、職場に対し復職や賃金の支払いを求めて交渉や法的措置を考えることになるでしょう。
交渉の際、職場側がよく口実にするのは「妊娠を理由にしたのではなく、雇用期間が満了したこと、勤務成績が不良だったことが理由である」ということです。
そのため、この説明を覆すような資料を、可能なかぎり準備する必要があります。
産休に入る前にあらかじめ、証拠になりそうな書類を確保しておくようにします。
証拠になりそうな書類には次のものがあります。

- 自身の人事評価に関する書類
- 仕事の評価が記載されているメール、会話の録音
- 契約更新の予定や説明が書かれたメールや書類

これらのような書類をそろえたら、まずは職場に対し、以下の点を伝えましょう。

- 雇い止めを承諾しないこと
- 以前と同じ条件で職場に復職させてほしいこと
- 復職できない期間の賃金を支払ってほしいこと

これに会社が応じないときは、まずは各都道府県の労働局が設けている総合労働相談コーナーへ相談し、労働局から職場に対してあなたを復職させる等の内容の助言・指導をしてもらい、さらには「あっせん」を利用することもできます。
「あっせん」に職場が応じなければ、裁判等の法的手続きを取らざるをえなくなります。

会社に訴えても改善されないとき ➡ P.151

CASE

出産後、体調がすぐれないのに、産後1カ月も経たないうちに、会社から「人手不足なので明日からでも職場復帰してほしい。別の人は出産後1週間くらいで復帰した」と連絡があった。言うとおりに復帰しないとだめ？

ANSWER

会社が出産後1カ月で職場復帰を求めるのは、労働基準法違反です。
体調がすぐれず勤務が困難であれば、会社にそのことを説明して断りましょう。
それでもしつこく復職を求められたり、解雇などの不利益な取り扱いをほのめかすようなことがあったりしたら、各都道府県の労働局が設置している総合労働相談コーナーへ相談することもできます。

労働基準法では、出産予定日前6週間以内で労働者が求めた場合と、産後8週間の間には、女性を働かせてはいけないという規定があります（第65条第1項、第2項）。ただし、産後6週間が経過しており、なおかつ本人が希望した場合には、復職をさせてかまわない、とされています。
ですので、会社が出産後1カ月で職場復帰を求めるのは、労働基準法違反になります。会社から産後8週間が経過する前に職場復帰するよう求められた場合は、当然断ることができます。

それでは、早期の職場復帰を断ったときに、会社が「それでは復帰後にポストがなくなる」「そのような人間を会社は求めていない」などと、職場復帰をしないことで不利益になることをちらつかせたらどうでしょうか。
この場合には、上記の労働基準法違反に該当するとともに、刑法上の脅迫罪や強要罪にも該当する場合があります。もともと産後8週間以内に職場復帰させることが違法であるうえに、不利益をちらつかせてそれを強要しようとしているのですから、非常に悪質と考えられます。

産休・育休を取得後、職場復帰をする予定。休む前と同じ仕事に戻れると考えていたが、復帰の1カ月前に、配置転換になり業務も変わるとの連絡があった。以前は専門知識を生かして企業向けのコンサルタントをしていたが、復帰後は総務部で一般事務とのこと。年棒も大幅に下がるようだ。

労働者が育休を取得したことを理由に、その人にとって不利益な取り扱いをすることは禁止されています。解雇はもちろん、報酬が下がることも「不利益な取り扱い」です。仕事の内容が変わることについては、それだけではただちに違法とまでは言えませんが、状況によっては「不利益な取り扱い」に該当し、違法となる場合も考えられます。

ANSWER

解説

育休が明けて職場復帰をする際、給与の金額が育休前より下がると、原則として「不利益な取り扱い」に該当し、違法となる可能性が高いといえます。また、正社員から契約社員・パート社員への変更など、雇用形態を変えるのは「不利益変更」にあたる可能性が高いと考えられます。

ただし、育休後に給料が下がることに、合理的な理由がある場合は別です。たとえば、能力の低下が明らかである場合や、勤務できる時間が限られるなどです。違法な「不利益な取り扱い」を受けた場合には、各都道府県の労働局が設置している総合労働相談コーナーへ相談し、労働局から職場へ助言・指導してもらいましょう。ほかに、「あっせん」の利用も考えられます。
それでも解決しなければ、労働審判や訴訟の提起などを検討せざるをえないでしょう。

また職場復帰時には、育休前と同じ業務に復帰するのが原則です。
ただし、育休前後で担当する業務が異なることが、必ずしも「不利益な取り扱い」に該当するとはかぎりません。育休前のポストに他の従業員がついていてどうしても調整がつかなかったり、その業務自体がなくなっていたりする場合も考えられます。
もともと使用者には、労働者に対して転勤を命じたり、担当業務の変更を命じたりする権限もあります。
しかし、遠隔地への異動が命じられたことで、育児や介護に大きな支障が生じるような場合には、転勤や担当業務の変更が無効になる場合もありえます。

（育児・介護休業法）第10条　不利益取り扱いの禁止

事業主は、労働者が育児休業申出をし、または育児休業をしたことを理由として、当該労働者に対して解雇その他不利益な取り扱いをしてはならない。

（育児・介護休業法）第22条　雇用管理等に関する措置

事業主は、育児休業申出および介護休業申出並びに育児休業および介護休業後における就業が円滑に行われるようにするため、育児休業、または介護休業をする労働者が雇用される事業所における労働者の配置その他の雇用管理、育児休業、または介護休業をしている労働者の職業能力の開発および向上等に関して、必要な措置を講ずるよう努めなければならない。

CASE

産休が終わるまでに子どもを預けられる保育園が見つからない。職場に産休を延ばしてほしいと言ったら、解雇だと言われた。

育児・介護休業法の規定により、原則、子どもが1歳になるまで育休を取得できます。保育園に入れないなどの事情がある場合、最長2年まで育休を取得することができます。ただし、法律で定められた育休期間が満了している場合は解雇の理由にあたらないとはいえません。

ANSWER

育休の基本ルールが知りたい ➡ P.158

会社に訴えても改善されないときの「あっせん」

あっせんとは、労働者と使用者の間にトラブルが起きたとき、労働問題の専門家等が労働者と職場の双方から話を聞き、話し合いを促したり、解決案（あっせん案）を提示したりする無料の制度です。

各都道府県の労働局が行っているものと、労働委員会で行っているものがあります。対象となる事件の種類が限られていますので、各窓口で尋ねてみてください。

利用したい場合は、各労働局の総合労働相談コーナーまたは都道府県労働委員会の個別労働紛争担当窓口へ問い合わせてみましょう。

ただし、あっせんには法的拘束力がありませんので、職場が応じなければ、裁判等の法的手続きを取らざるをえなくなります。

行き過ぎた指導はパワハラ

壊れるまで厳しくする必要ないよ

GAME OVER

あなたを守る法律

(パワハラ防止法) 第30条の2　雇用管理上の措置等

1　事業主は、職場において行われる優越的な関係を背景とした言動であって、業務上必要かつ相当な範囲を超えたものによりその雇用する労働者の就業環境が害されることのないよう、当該労働者からの相談に応じ、適切に対応するために必要な体制の整備その他の雇用管理上必要な措置を講じなければならない。

パワハラ防止法（改正労働施策総合推進法）によって、パワー・ハラスメント（パワハラ）の防止が企業に義務づけられました。

また厚生労働省からも、事業主が講じるべきパワハラ防止措置についての指針が出されました（2020年1月厚生労働省告示第5号）。

指針では、パワハラの例として、以下の言動が挙げられています。

- 身体的な攻撃（暴行・傷害）
- 精神的な攻撃（脅迫・名誉毀損・侮辱・ひどい暴言）
- 人間関係からの切り離し（隔離・仲間外し・無視）
- 過大な要求（業務上明らかに不要なことや遂行不可能なことの強制、仕事の妨害）
- 過小な要求（能力や経験とかけ離れた程度の低い仕事を命じる　など）
- プライベートに過度に立ち入る（労働者を職場外でも継続的に監視する、労働者の性的指向・性自認などを本人の了解なく暴露する　など）

パワハラは、職場の人間関係に関わるため、とても解決が困難な問題の一つです。あなたが「パワハラを受けた」と感じたとき、社内の相談窓口に相談をすることがまず考えられます。しかし、社内窓口に相談することで報復されたり評価を下げられたりするなど、不利益を受ける可能性も否めません。その場合は、各都道府県の労働局が設けている総合労働相談コーナーに相談することもできます。相談するときには、被害を受けた際の記録、メモ、録音データなどがあるとよいでしょう。

総合労働相談コーナーでは、相談者に対する助言や相談、職場に対する助言や指導、また専門家からなる紛争調整委員会による「あっせん」の手続きなどが利用できる場合があります。ただしあっせんには法的拘束力がなく、職場側が応じなければ訴訟などを検討することになります。

パワハラで退職せざるをえなくなった場合、会社に対しては、退職理由を「会社都合」にするよう求めたり、損害賠償を求めたりできる場合もあります。ただ会社が簡単には認めない場合もあるため、専門家の支援を受けましょう。

これは指導なの？　それともパワハラなの？

パワハラをする側が「それが業務に必要な範囲」と信じていることも、実際には少なくありません。それが指導だと思っているのです。

逆に「上司とそりが合わない」というだけで「パワハラを受けている」と感じる人もいます。

暴力や侮辱、私的な頼みごとを押しつけるなど、明らかなパワハラである場合を除けば、パワハラの境界線は非常にあいまいです。

大切なのは「その行為がパワハラかどうか」ではなく、「相手がどう感じているか」「相手が仕事を続けるのが難しくなっていないか」ということに、常に気を配ることだと考えられます。

同僚からのいじめ

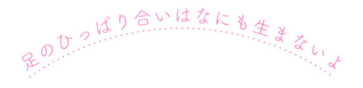

足のひっぱり合いはなにも生まないよ

（労働契約法）**第5条　労働者の安全への配慮**

使用者は、労働契約に伴い、労働者がその生命、身体等の安全を確保しつつ労働することができるよう、必要な配慮をするものとする。

会社は、労働者が働くにあたって、生命、身体などの面で安全に働くことができるように配慮する義務（安全配慮義務）があります。**「生命、身体等の安全」**には、**「心身の健康を守る」**ことも含まれます。

すなわち、会社はいじめに対しても防止する義務があると考えられています。

一口に「いじめ」といっても、刑法犯にあたるような深刻なものから、冗談との区別があいまいなものまで、その内容は幅広くなっています。そのため「同僚からいじめられている」といっても、いじめの内容によって対処法も変わります。

職場いじめの種類・内容・特徴

- モラハラ……精神的ないじめ・嫌がらせ
- パワハラ……上司による職務上の権限を利用したいじめ・嫌がらせ
- セクハラ……性的な言動による嫌がらせ

いじめに対処する場合は、いじめにあっている証拠を確保しておく必要があります。

いじめがあったことを客観的に証明できなければ、いくら主張しても、「それはいじめじゃなくて、コミュニケーションのひとつでしょ？」「それはいじめではなく同僚が指導や注意をしているだけじゃないの？」などと、取り合ってもらえないかもしれません。できればいじめの現場を動画で撮影したり、録音したりして記録を保存しておく必要があります。

メールで暴言や侮蔑の文章を受け取っている場合には、そのメールなどを保管しておきましょう。

撮影や録音ができないような状況なら、日記や手帳に職場でのいじめの様子を記録しておくなどでも問題ありません。また誰にも言えないときは、自分宛てにメールを打っておくのも、日付がわかるので、「後から付け足した」などと言われずに済み、有効です。

従業員からいじめの被害にあっているという報告を受けたら、会社はそのいじめを放置することは許されません。加害者にいじめをやめるよう指導したり、社内いじめの再発防止策を構築することが求められます。

実際に、執拗ないじめによって、社員が自殺に追い込まれた事件で、会社の安全配慮義務違反を認めた裁判例があります。深刻な事態になる前に、社内で個人的に信頼できる人や会社の相談窓口、弁護士などの専門家に相談しましょう。

勝手に会話を録音していいの？ ➡ P.89

望まない転動を命じられた

行き先はずっと遠くの知らないところ

（育児・介護休業法） 第26条　労働者の配置に関する配慮

事業主は、その雇用する労働者の配置の変更で就業の場所の変更を伴うものをしようとする場合において、その就業の場所の変更により就業しつつその子の養育、または家族の介護を行うことが困難となることとなる労働者がいるときは、当該労働者の子の養育、または家族の介護の状況に配慮しなければならない。

転勤を言い渡されたら……

勤務先から「遠方の支社に転勤してほしい」という打診があった場合、原則として、断るのは困難です。家庭の事情を話してどうにか撤回してもらえないか会社と話し合うとともに、転勤した場合の子どもの養育について、会社に配慮してもらえるよう要請しましょう。

雇用契約書や就業規則に、「会社は社員に転勤を命ずることができる」と記載されているケースも多くあります。そのような場合、会社には転勤を命ずる権利があり、社員が転勤を拒否することは原則としてできない、というのが裁判所の考え方です。

これは、日本では会社が社員を解雇することに制限があるため、その代わりに会社には幅広い人事権が認められている、という考え方があるためです。

もっとも、家族に介護が必要な両親や特別な配慮が必要な子どもがいる場合など、転勤によって生じる社員の負担が特別に重い場合には、会社は転勤を命ずることができない場合もあります。

また転勤の目的が、仕事のためではなく、なんらかの人事的な仕返しの場合には、もちろん会社の転勤命令は無効です。

しかし、ただ「子どもがいる」というだけでは、「転勤によって生じる負担が特別に重い」と認められる可能性は低いと言わざるをえません。

転勤により子どもの養育などに影響が出そうな場合は、会社に勤務時間の調整などの配慮を求めて話し合ってみましょう。

近時は、遠方への転勤が想定されていない、地域限定型の採用も増えてきています。そのほかにも、企業の中には、優秀な人材の確保のために、社員の意向に反した転勤をさせない、というところも出てきています。

社員の転勤については、将来的に社員の意向に柔軟な対応をする企業が増えていくのかもしれません。

157

育休の基本ルールが知りたい

夫婦二人で子育てしたい

あなたを守る法律

育児・介護休業法 **第5条　育児休業の申出**（一部抜粋）

3　労働者は、その養育する1歳から1歳6カ月に達するまでの子について、次の各号のいずれにも該当する場合に限り、その事業主に申し出ることにより、育児休業をすることができる。

育児・介護休業法 **第6条　育児休業申出があった場合における事業主の義務等**

1　事業主は、労働者からの育児休業申出があったときは、当該育児休業申出を拒むことができない。

育児休業（育休）を取得しなかった労働者に対し、なぜ取得しなかったかを調査したところ、「職場が育児休業を取得しづらい雰囲気だった」という回答が一定数あるようです。

育休は、性別を問わずに取得できます。
育休の期間は「子が1歳に達するまでの間」と定められていますが、夫婦で取得する場合は1歳2カ月まで取得できます（パパ・ママ育休プラス）。妻が専業主婦でも、休業できます。
また通常、育児休業の取得は原則1回までですが、特別な事情がなくても、再度、育児休業が取得できる制度があります（パパ休暇）。これは、①子の出生後8週間以内に育児休業を取得していること、②子の出生後8週間以内に育児休業が終了していることが条件です。

雇用保険に加入している人が、育児休業をした場合、原則として休業開始時の賃金の67％（6カ月経過後は50％）の給付を受けることができます（育児休業給付）。今後は、さらに80％まで引き上げることが検討されています。また、育児休業等をしている間の社会保険料が被保険者本人負担分および事業主負担分ともに免除されます。そのほか、経済的支援の制度が複数あります。

改正育児・介護休業法では、男性の育児参加を促すことを目的に、事業主に対し、小学校就学前の子どもを養育する労働者が、育児に関する目的で利用できる休暇制度などを設けるよう努力することを義務づけました。入園式や運動会などの行事参加を促すためです。

男性の育児参加は夫婦の絆の要
産後2〜3年以内に夫婦関係が悪化する「産後クライシス」の原因の一つに「夫が育児をしないこと」が挙げられています。夫が育休を取得しても、家事や育児に十分な時間を割いていない「とるだけ育休」が、妻を精神的にいっそう追い詰めます。産後クライシスは離婚に直結しやすく、赤ちゃんを抱いて弁護士に相談に来るお母さんは少なくありません。
母親は妊娠・出産で体に大きな負担がかかっているうえ、出産後は授乳のこともあり、十分に睡眠を取ることもできません。
赤ちゃんが産まれたら夫婦でどのように家事や育児を分担するのか、できれば出産前から十分話し合っておきましょう。

出産後の体はボロボロ

およそ10カ月にもおよぶ「妊娠」と「出産」によって、産後の女性は心も体も不安定な時期にあります。

出産後の産褥期とは「妊娠や分娩で変化したママの体が、妊娠前の状態に戻るまでの期間」を指します。分娩後6〜8週間とされるこの期間はなるべく体を安静にするのが望ましいとされます。

体のダメージ

通常はこぶし大くらいの大きさの子宮は、妊娠で約15倍にまで大きくなります。それが産後の6〜8週間をかけて、妊娠前の元の状態にまで戻っていきます。子宮からは悪露と呼ばれる分泌液が血液とともに出ます。個人差がありますが、6週間後くらいまでには止まっている人が多いです。

さらにこの期間は、妊娠・出産で広がった骨盤の位置が戻ってきます。骨盤が緩んだ状態で歩き回ったり、赤ちゃんの抱っこなど重いものを運んだりすると、一気に体への負担が大きくなってしまいます。

また、夜中も数時間おきに起きて授乳しなければならず、十分に休む時間が取れません。ほかにも、赤ちゃんを抱っこしたり授乳したりすることで肩こりや腱鞘炎になったり、悪露や不正出血の影響で貧血になったりなど、体に大きな負担がかかります。産褥期は、周囲のサポートが非常に大切な時期です。

心のトラブル

産褥期は心も不安定になります。「マタニティブルー」は産後のママの30〜50％に見られる一時的な軽度の抑うつ状態を指します。涙もろくなる、気持ちが沈む、集中力が低下する、不安感、眠れないなどの症状が見られます。多くの場合2週間ほどで自然に軽くなります。

似たような症状が出るものに「産後うつ病」がありますが、その場合は早めの診断・治療が必要となります。気分の落ち込みや育児への恐怖感・不安感が2週間以上続く場合は、一人で我慢せず、医療機関を受診しましょう。

Chapter 6

結婚

のトラブルと法律

Marriage

だいすきなあなたとずっと一緒にいられますように

あなたを守る法律

(民法) **第752条　同居、協力および扶助の義務**
夫婦は同居し、互いに協力し扶助しなければならない。

(民法) **第760条　婚姻費用の分担**
夫婦は、その資産、収入その他一切の事情を考慮して、婚姻から生ずる費用を分担する。

(民法) **第761条　日常の家事に関する債務の連帯責任**
夫婦の一方が日常の家事に関して第三者と法律行為をしたときは、他の一方は、これによって生じた債務について、連帯してその責任を負う。ただし、第三者に対し責任を負わない旨を予告した場合は、この限りでない。

結婚で変わるもの

結婚前と結婚後で一番変わることは、結婚して夫婦になると、法律によってさまざまな義務や責任を負うことです。たとえば、次のような義務があります。

- 夫婦の協力義務（夫婦は互いに協力して生活しなければならない）
- 夫婦の相互扶助義務（夫婦は互いに養わなければならない）
- 夫婦の貞操義務（夫婦は互いに第三者と性的関係を持ってはいけない）

これらは、夫婦として「当たり前」のことと思えますが、ひとたび夫婦関係が険悪になったとき、法律は以下のようにあなたを拘束します。

- 相手が無職になり、あなたにしか収入がなくなったとき→「相互扶助義務」によりあなたが相手を養わなければならない
- 相手以外の異性にときめいたとき→「貞操義務」により恋愛できない

以上のような義務を免れるには、離婚という手続きを経る必要があります。結婚前のように、一言メッセージを送って別れる……ということはできません。
結婚とは、「相手と家族になる」ということです。「家族」とは、そのメンバーを一番近くで支えてくれるべき人々とされます。「家族」が簡単に離れたりひっついたりできてしまうと、メンバーを支えることはできないという考えからです。

結婚にメリットはあるの？

CASE

法律婚の場合、一方の配偶者が死亡すれば、他方が死亡した配偶者の相続人になります。また、法律婚の夫婦の間に生まれた子どもは、認知なしに夫の子どもと推定されます。
さらに、法律婚の場合、所得税法・相続税法（贈与税）上の配偶者控除が受けられるというメリットがあります。これは、事実婚の場合は受けられません。また配偶者に対して贈与をした場合の配偶者控除も、事実婚の場合は適用されません。
日本人が外国人と法律婚をすれば、外国人に在留資格が生じえます。
また、医療機関によっては、手術などの合意を、親族のほか法律婚のパートナーに限定している場合があります。しかしこれは法律で定められているわけではありません。

ANSWER

婚姻届を出さなくても夫婦？

法律婚だけが夫婦の証明ではない

[憲法] **第24条**

1　婚姻は、両性の合意のみに基づいて成立し、夫婦が同等の権利を有することを基本として、相互の協力により、維持されなければならない。
2　配偶者の選択、財産権、相続、住居の選定、離婚並びに婚姻および家族に関するその他の事項に関しては、法律は、個人の尊厳と両性の本質的平等に立脚して、制定されなければならない。

[国民年金法] **第5条　用語の定義**

7　この法律において、「配偶者」、「夫」および「妻」には、婚姻の届出をしていないが、事実上婚姻関係と同様の事情にある者を含むものとする。

事実婚とは、婚姻届を出さないだけで、カップルの双方が事実上の夫婦として生活する意思を有し、実際に夫婦と同様の生活を送るスタイルの結婚です。「内縁」とは事実婚のことです。

憲法は「婚姻は、両性の合意のみに基づいて成立し」と規定しており、「婚姻届の提出」を条件としていません。

事実婚は法律上、可能なかぎりで、婚姻届を提出した夫婦（法律婚）と同じように扱うこととされ、一定の法律上の保護を受けることができます。

しかし次のような点で、事実婚の夫婦は、法律婚の夫婦と扱いが違います。

- 相手が亡くなったとき、相手の財産を「法定相続」できません。遺言により財産の遺贈を受けた場合でも、法律婚の夫婦間の相続の場合に比べ、税法上の優遇が受けられません。
- 子どもができたときに、自動的には法律上の夫の子どもとは認められません。認知の手続きが必要です。

このほかにも、事実婚と法律婚では、法制度のうえで細かな取り扱いの差があります。どのようなスタイルでも、しっかりパートナーと話し合って決めることが重要です。

事実婚は、「事実上」の関係であるため、法律婚とは違う方法で関係を証明する必要があります。「どちらか一人が事実婚と思っていても、他方はそう思ってなかった！」ということも起こりえます。**なんらかの書面を作成して万が一のときに備えておく**ことが有効です。また、入籍はしないにしても親族・知人・職場関係者を招いて、結婚式・披露宴を挙げておくのもよいでしょう。

「事実婚」の証明に役立つものには、ほかに次のようなものがあります。

- 一方が他方の健康保険上の被扶養者になっている
- 一方が他方の生命保険の受取人になっている
- 住宅の賃貸契約で両者が共同賃借人になっている
- 住民票の続柄欄に「夫（未届）」「妻（未届）」と記載されている

同棲と事実婚の違いは？

同棲は、カップルが同居するだけで、夫婦として生活する意思まではない場合を指します。両者に「結婚」しているという「意思」があるかどうかが、同棲と事実婚の最大の違いです。

運命の人だと思ったの

あなたを守る法律

[民法] 第415条　債務不履行による損害賠償

1　債務者がその債務の本旨に従った履行をしないとき、または債務の履行が不能であるときは、債権者は、これによって生じた損害の賠償を請求することができる。ただし、その債務の不履行が契約その他の債務の発生原因および取引上の社会通念に照らして債務者の責めに帰することができない事由によるものであるときは、この限りでない。

CASE

彼と婚約し、結納を行い、結納金も受け取った。しかしその後、彼の浮気が発覚。婚約をやめたいと言ったところ、彼は応じてくれない。さらには「婚約を解消するなら慰謝料を払え。結納金も返せ」と言ってきた。

相手の不貞行為が原因で婚約を解消する場合は、慰謝料を支払ったり結納金を返したりする必要はありません。相手が婚約破棄をされてもやむをえないようなことをした場合には、婚約を破棄する「正当な理由」があると言えます。

ANSWER

法律では、将来の結婚の約束（婚約）をしたとしても「必ず結婚をしなければならない」とは考えられていません。結婚は、あくまで両当事者の合意に基づくものでなければならず、その時点で嫌がっている人を強制的に結婚させることまで、法律は定めていません。

しかし、結婚の約束をした場合、相手は結婚への期待を持ったり、結婚準備のために費用をかけたりする場合があります。そのような場合には、慰謝料や費用の賠償が必要になることがあります。

婚約破棄の「正当な理由」の例には、次のものがあります。

- 相手が不貞行為（浮気）をした場合
- 侮辱・虐待された場合
- 相手の家族と良好な関係が築けない
- 交通事故や災害等で相手が障害者になった場合
- 相手が失業した場合
- 莫大な借金や前科、性的不能などの障害を隠していた場合

「自分の浮気が発覚した」「妊娠したが婚約相手の子どもかわからない」など、身勝手な理由で婚約破棄となれば慰謝料の支払い義務を負う場合があります。

民法 第747条　詐欺、または強迫による婚姻の取り消し

1　詐欺、または強迫によって婚姻をした者は、その婚姻の取り消しを家庭裁判所に請求することができる。
2　前項の規定による取消権は、当事者が詐欺を発見し、もしくは強迫を免れた後3カ月を経過し、または追認をしたときは、消滅する。

お金よりも失いたくなかったもの

あなたを守る法律

刑法 第246条 詐欺

1　人を欺いて財物を交付させた者は、10年以下の懲役に処する。
2　前項の方法により、財産上不法の利益を得、または他人にこれを得させた者も、同項と同様とする。

民法 第587条 消費貸借

消費貸借は、当事者の一方が種類、品質および数量の同じ物をもって返還をすることを約して相手方から金銭その他の物を受け取ることによって、その効力を生ずる。

結婚詐欺はどこからどこまで？

刑法の詐欺罪は経済犯なので、金品をだまし取る行為がなければ、刑法上の詐欺にはなりません。「結婚するつもりがないのに、結婚をエサに金品をだまし取った」ということが必要です。

そのため、仕事や学歴、年収などについて嘘をつかれていても詐欺にはなりません。また、結婚できると一方的に信じて肉体関係を結んでも、犯罪にはなりません。

しかし、民法の不法行為にあたる可能性はあります。貸したお金を返してもらう、だまされて傷ついたことに対する慰謝料を請求することはできます。
ただ、これも証拠が必要となる場合がありますので、必ずしも請求が通るとはかぎりません。

刑法の詐欺罪は、次の点を満たすかどうかによって判断されます。
- 人をだましたり、嘘をついたりする
- だました被害者に勘違いをさせる
- 被害者が勘違いのために財産を渡す
- 加害者が被害者の財産を受け取る

刑法の「詐欺罪」が認められるには、加害者の行為が上記4つをすべて満たし、それらに因果関係があることを証明する必要があります。
たとえば「だますつもりはなかったが、被害者が勘違いをして代金を支払った」という場合は詐欺とはみなされません。
詐欺は証明することが難しい犯罪です。加害者側が「だますつもりはなかった」「被害者が勘違いしただけ」と主張した場合、そうでないことを証明するのがどうしても難しいためです。被害者が複数いるのであれば、証明がしやすくなる場合があります。

民事訴訟の場合、相手に支払いをした内容や経緯、代金の請求の手順などのさまざまな要素に問題がなかったかどうかをさまざまな角度から検証し、契約の無効や取り消しを主張していくことになります。

[民法] **第703条　不当利得の返還義務**
法律上の原因なく他人の財産、または労務によって利益を受け、そのために他人に損失を及ぼした者は、その利益の存する限度において、これを返還する義務を負う。

甘い夢はいずれ溶けてなくなるだけ

あなたを守る法律

[民法] 第770条　裁判上の離婚

夫婦の一方は、次に掲げる場合に限り、離婚の訴えを提起することができる。

①配偶者に不貞な行為があったとき。

⑤その他婚姻を継続し難い重大な事由があるとき。

不倫のボーダーラインはどこ？

次のうち、法的に不倫と認められるのはどれだと思いますか？

①仕事の打ち合わせで、夫が職場の女性と食事に行った
②夫が性交渉までOKの風俗に通っている
③夫が交際相手と「キスをした」ことが発覚した
④夫が同僚の女性社員に片思い。ただ、女性社員からは相手にされていない様子

一般的に、不倫の定義は一律に定まっているわけではありませんが、**離婚理由になる不倫は、いわゆる「不貞行為」があった場合**です。不貞行為とは、性交渉があった場合を指します。つまり法律上は、②だけが「不貞行為」となります。

③は「不貞類似行為」として、「その他婚姻を継続し難い重大な事由があるとき」にあたる可能性があります。不貞類似行為とは、性交渉に類似する行為を行うことです。性交渉を最後まで行わなかったとしても、ホテルなどで裸や下着姿で抱き合ったりするだけでも不貞類似行為にあたることがあります。

①・④は、不貞行為にあたることはありませんが、妻が嫌だと感じるのであれば、いわゆる「性格の不一致」として離婚に至ることもありえます。
1回きりでも不貞行為です。1回きりでも、夫婦関係が破綻して離婚に至ることはあります。

CASE

相手が結婚しているのを知っていたのにお付き合い。相手の配偶者にバレたら慰謝料を請求される？

相手が既婚者と知りながら関係を持った場合、法律上の不貞行為となり、不法行為となります。ゆえに、相手の配偶者から慰謝料を請求される可能性があります。不貞行為により、「平和な結婚生活を送る権利」が侵害されると考えられるからです。
不倫相手が「もうすぐ離婚する」「別居していて夫婦関係は破綻している」と言っている場合、本当に夫婦関係が破綻していれば、「平和な結婚生活を送る権利」はすでに存在しないので、不法行為にはなりません。
ただし、実際に夫婦関係が破綻していたと判断されるかは微妙です。
夫婦関係が破綻しているかどうかは、別居の有無、別居期間の長さ、夫婦間の連絡の有無、離婚協議の有無など、総合的に判断されるためです。
不倫相手の言葉は鵜呑みにしないようにしましょう。

夫婦といえない間柄 → P.178

ANSWER

事例

CASE

独身とだまされていて、既婚者と知らずにお付き合いしていた。
別れたけど、相手の配偶者にバレたら、慰謝料を請求される？

独身とだまされ、それを信じて交際していた場合、相手の配偶者から慰謝料請求されても、「独身とだまされて信じていた」ことを立証できれば、慰謝料を支払う必要はありません。ただし、独身と信じたことに過失があった場合は、慰謝料の支払い義務が生じる場合があります。
逆に、「独身」とだましていた相手に対しては、「貞操権侵害」を理由に、慰謝料請求できる可能性があります。

貞操権侵害とは、次のような事情があるときに成立する可能性があります。
● 既婚者であることを隠していた
● 既婚を知っていても、相手側の違法性が著しく大きい
● 相手が自分と結婚すると言っていた

ただし、ケースごとに事情は異なります。必ず貞操権侵害に該当するとはかぎりません。

ANSWER

ポイント

相手の不倫を職場にばらすと名誉毀損罪に！

不倫行為を相手の職場にばらすなどの行為は、名誉毀損に該当し、逆に賠償義務を負うことがあります。
もちろん悪いのは不倫をした相手ですが、あなたが職場にばらすなど違法な行為を行うことで、相手に「つけいる隙」を与えるのは得策とは考えられません。

度を超した悪口、うわさ話 ➡ P.54

関連条文

[民法] **第710条　財産以外の損害の賠償**

他人の身体、自由、もしくは名誉を侵害した場合、または他人の財産権を侵害した場合のいずれであるかを問わず、前条の規定により損害賠償の責任を負う者は、財産以外の損害に対しても、その賠償をしなければならない。

パートナーが不倫していたら……

不貞行為が認められる場合、その配偶者は離婚を請求できるほか、相手の不貞行為によって生じた精神的な苦痛に対して慰謝料も請求することができます。**不貞行為を立証するには、配偶者以外の人間と肉体関係があったことを証明することが求められます。**不貞行為が行われている時期が長いほうが、違法性は強くなります。

メールなどのやりとりの履歴は、強力な証拠となることが多いです。不倫しているパートナーのスマホにそれらが残っている場合、写真を撮るなどして証拠化しておきましょう。探偵に依頼して不倫相手とホテルに入る場面を撮った写真も重要な証拠になります。

不倫がパートナーに発覚したとたん目が覚めて反省し、夫婦関係を修復したいと言う人もいます。その申し出を受け入れられるかどうかについてはよく考え、話し合ってみましょう。婚姻期間の長さ、夫婦の年齢、財産の有無、子どもの有無、子どもの年齢などが、結論を出すにあたって大きな要素となるでしょう。

どうしたらいいのか判断できない場合、別居して冷却期間を置く、というのも一つの方法です。ただし、パートナーが不倫相手と会いやすくなるうえ、別居期間が長くなれば、婚姻関係が破綻していると判断されるおそれもあります。別居期間中にどのようなコミュニケーションを取っていくのか、修復に向けた別居なのか、離婚に向けた別居なのか、別居の目的などについて、別居前に話し合っておくのがよいでしょう。

なお、別居期間中の妻は夫に対し、「婚姻費用」という生活費を請求できる法律上の権利があります。

浮気と不倫の違い

結婚していない恋人関係の場合は、浮気されても相手に対して慰謝料を請求はできません。浮気に対する慰謝料というのは基本的に、浮気によって「平和な結婚生活を送る権利」を侵害されたときに、配偶者やその浮気相手に対して請求することができるものだからです。

恋人の浮気は慰謝料請求できる？ ➡ P.16

婚約中や事実婚の場合は、請求ができる場合があります。実際に婚姻届を提出している夫婦とまったく同じというわけではありませんが、恋人関係よりは夫婦に近いと考えられるからです。

婚姻届を出さなくても夫婦？ ➡ P.164

配偶者からの暴力・DV

大切な生活を根っこから奪う

解説 DV防止法では、「DVとは、配偶者からの身体に対する暴力（身体に対する不法な攻撃であって生命、または身体に危害を及ぼすもの）」と定義されています。「配偶者」には内縁関係も含まれます。また、暴力を受けた後に離婚した場合にも、DV防止法は適用されます。「配偶者」は男女の性別を問いません。生活の本拠を共にする交際相手からの暴力について、この法律が準用されます。

恋人間で起こるさまざまな暴力 ➡ P.20

いかなる暴力も犯罪です。暴力をふるわれたら、警察に連絡してかまいません。日頃から警察や自治体の担当部署、配偶者暴力相談支援センター等で相談しておくと、万が一のときもスムーズです。

110番は、少しでも危険を感じたら積極的に連絡してかまいません。「大事でないと110番をしてはいけない」と思われがちですが、そのためらいが被害を生んでいる面もあります。結果的に危険なことが起きなかったとしても警察は怒りません。「夫に殴られそう」というだけで、駆けつけてくれます。現行犯逮捕もありえますが、夫婦間のことで、逮捕までは望まない人もたくさんいるので、「いきなり逮捕！」というのはよほどのことでないかぎりされません。

家庭内の暴力は立証が難しいことが多いので、動画、録音などの証拠を残しましょう。詳細を日記につけておくことも重要です。
必要があれば、警察等がシェルターを紹介してくれます。一定の要件を満たせば、夫が近づかないようにできる「保護命令」を裁判所に申し立てることができます。
保護命令には、自分や子どもに近づくことを禁止する「接近禁止命令」や自宅から出ていくように命ずる「退去命令」があります。
ただしこの効力は6カ月間で、さらに自分の主張がすべて相手に開示されることになります。

配偶者暴力相談支援センターは、DV被害者支援のための拠点となり、次の業務を行っています。
- 相談、または相談機関の紹介、カウンセリング
- 被害者および被害者の同伴する家族の緊急時における安全の確保およびその一時保護
- 被害者の自立生活促進のための就業促進、住宅確保、援護等に関する制度の利用についての情報提供、助言、関係機関との連絡調整　など
- 保護命令制度の利用についての情報提供、助言、関係機関への連絡　など
- 被害者を居住させ保護する施設の利用についての情報提供、助言、関係機関との連絡調整　など

さまざまな支援を行っていますので、自分に必要な相談をしてみましょう。

【刑法】**第204条　傷害**
人の身体を傷害した者は、15年以下の懲役、または50万円以下の罰金に処する。

【刑法】**第208条　暴行**
暴行を加えた者が人を傷害するに至らなかったときは、2年以下の懲役、もしくは30万円以下の罰金、または拘留、もしくは科料に処する。

「本当は良い人」という思いが罠になる

あなたを守る法律

［民法］ 第710条　財産以外の損害の賠償

他人の身体、自由、もしくは名誉を侵害した場合、または他人の財産権を侵害した場合のいずれであるかを問わず、前条の規定により損害賠償の責任を負う者は、財産以外の損害に対しても、その賠償をしなければならない。

モラハラとは、「モラル・ハラスメント」の略で、倫理や道徳（モラル）に反する嫌がらせです。広く捉えると、身体的な暴力以外はすべてモラハラと言ってよいでしょう。次のような行為が、モラハラの例に挙げられます。

言葉の暴力
- 「誰のおかげで飯食ってると思ってるんだ！」「なんの能力もないくせに」「お前なんか一人で生きていけないくせに」などと、配偶者を見下すことを言う
- 「ブス」「デブ」など、容姿についてことさらに悪く言う
- 携帯のチェックなど、不必要に交友関係や行動を監視、制限する
- 子どもに「お前のお母さんはバカだ」など、母親を尊敬できなくなるようなことを言う

態度による暴力
- 配偶者の前でため息や舌打ち、支配的な態度に出る
- 無視をする

経済的な虐待
- 給料の額を教えない。ボーナスが出たかどうかも教えない
- 必要最低限の生活費も渡さない
- 相手の仕事の給料などを取り上げて渡さない

性行為の強要
- 「セックスは妻の義務だ」などと言って、気の進まない性行為を強要する
- 拒むと不機嫌になったり、無理にでも応じさせようとする

恋人間で起こるさまざまな暴力➡P.20

モラハラをする人は、その自覚がない場合も少なくありません。モラハラを受けている側も、「これは自分のための指導だ」「自分が至らないからだ」などと思ってしまう場合もあり、そのため、改善が難しい場合も多いのが現実です。
相手が離婚を拒む場合は、調停離婚になることもありますが、その際は暴言を録音したり、嫌だったことを日記につけたり、メールなどのやりとりを保存したりしておくと、「婚姻を継続し難い重大な事由」の証拠になります。
モラハラの場合、警察での相談は難しい場合が多いでしょう。行政との連携がしっかりした警察署（警察官）であれば、そちらを紹介される可能性があります。慰謝料請求もできないことはありませんが、暴力事件などでなければ証明が難しいことが多いのが実情です。

同じ屋根の下にいても心はバラバラ

解説

夫婦といえない間柄

別居は、夫婦が別々に住んでいることを指します。離婚で争いになる場合、裁判所が離婚を認める基準の一つに「別居期間の長さ」がありますが、家庭内別居では別々に住んでいないので、別居とみなされないのが原則です。

そのため、「長年、家庭内別居の状態」といくら主張しても、それだけで「夫婦関係が破綻している」という判断はされません。「まったく会話がない」「お互い顔を合わせないように、生活の時間帯をズラしている」などの事情があれば、夫婦関係が悪化していたこと自体は認定される可能性があります。

CASE 家庭内別居中に相手が不倫をした。慰謝料請求は行いたい。

ANSWER 家庭内別居は、「夫婦関係の破綻」とみなされない可能性が高いため、慰謝料請求が可能です。

単身赴任は別居扱いになる？

単身赴任は基本的に別居ではありません。状況によっては頻繁に自宅に帰るのが難しいこともあるからです。別居と認定することは困難な場合がほとんどだと考えられます。

CASE 配偶者の不倫。関係を見直すために別居することに。離婚も見据えて準備しておくべきことは？

夫婦の共有財産の確認をすることが大事です。

名義にかかわらず、預貯金の口座を把握する、生命保険の有無、生命保険のタイプ（学資保険は忘れがちなので注意！）、会社で財形貯蓄がないか、有価証券の有無、車両の有無、などを確認しましょう。

子どもがいる場合は、転校するのか、生活費はどうするのか、働いている間に預ける場所はあるかどうかを確認します。別居した親と子どもの関わり方についても、約束事を決めておきましょう。

浮気が原因で別居する場合は、浮気の証拠も確保しておきましょう。浮気について相手が認めてそれで別居する、ということがわかる証拠（会話の録音、録画など）を作っておくのがよいでしょう。

ANSWER

CASE 専業主婦だった自分にはすぐ十分な収入が見込めない。別居中は夫に生活費を頼める？

「婚姻費用」を支払うべき法律上の義務があります。任意で渡してくれないようであれば、家裁に調停を申し立てるべきです。支払義務者が拒否しても、裁判所が「いくら払うように」と決めてくれます。支払われない場合、給与の差し押さえができます。

ANSWER

わたしの幸せに向かう道へ進む

あなたを守る法律

(民法) **第763条　協議上の離婚**

夫婦は、その協議で、離婚をすることができる。

(民法) **第770条　裁判上の離婚**

1　夫婦の一方は、法律で定められた場合に限り、離婚の訴えを提起することができる。

夫婦が「離婚したい」と思っても、夫婦のどちらか一方の判断だけで、勝手に離婚することはできません。
一口に離婚といっても、離婚には主に3つの方法があります。

協議離婚

お互いが離婚することに合意して、離婚届を提出することで成立する離婚です。理由を問いません。

調停離婚

話し合いで離婚できないからといって、すぐ裁判をすることはできません。家庭裁判所で、離婚について話し合う離婚調停を行う必要があります。家庭裁判所の中の小さな会議室のような部屋で、調停委員さんが話を取り持ちます。
あくまで話し合いですので、双方が合意することが必要です。一方が離婚を拒否したり、離婚意思が合致していても離婚条件が合わない場合は、離婚できません。

裁判離婚

調停離婚でも合意できなかったけれど、どうしても離婚したい場合は、裁判をするしかありません。裁判離婚を提起できるのは、民法第770条第1項に定められた次の5つの要件のいずれかを満たす場合です。

①配偶者に不貞な行為があったとき
②配偶者から悪意で遺棄されたとき
③配偶者の生死が3年以上明らかでないとき
④配偶者が強度の精神病にかかり、回復の見込みがないとき
⑤その他婚姻を継続し難い重大な事由があるとき

ほかに審判離婚もありますが、離婚のうち、協議離婚が全体の約90％、調停離婚が約10％、裁判離婚が約1％です。

裁判離婚の要件のうち、①～④まではわかりやすいですが、それらに該当しない場合、⑤の「その他婚姻を継続し難い重大な事由があるとき」にあたるかどうかが問題となります。いわゆる「性格の不一致」や、「DV」「子育てをしない」「酒を飲み過ぎる」などがこれにあたります。

重要なのは、それぞれの理由によって「婚姻関係が破綻しているといえるか」という点です。離婚の原因があり、夫婦関係がすでに破綻していた場合や夫婦関係の修復が困難であった場合、その請求が認められ、離婚することができます。

協議離婚の場合

離婚届を役所に提出します。子どもがいる場合、必ずどちらが親権者なのかを決めなければなりません。養育費や財産分与などの離婚条件については、公正証書にするのがおすすめです。公正証書にしておけば、たとえば養育費の支払いが滞った場合、ただちに給与差し押さえなどの手続きが可能になります。公正証書は、公証役場で作成します。

調停離婚の場合

調停離婚が成立すると、家庭裁判所で「調停調書」という書類を作ります。調停調書は、公正証書や裁判離婚の判決書と同様の効力があるので、養育費の支払いが滞った場合などに、差し押さえが可能になります。また、この調書があれば、離婚届に双方が署名・押印する必要はありません。一方が調書を持って役所に行けば、相手の署名・押印なしに離婚届を提出できます。

裁判離婚の場合

裁判離婚をすると、「判決書」が出ます。そして、離婚も訴訟である以上、控訴・上告できますので、判決を確定させることが必要です。判決が確定したら、「確定証明書」を家庭裁判所で出してもらいましょう。判決書と確定証明書を一緒に役所に持って行くと、相手の署名・押印なしに離婚届を提出できます。

結婚していたときの名前のままにしたい

離婚が成立すると、婚姻時に姓を変えた側は、自動的に旧姓に戻ります。結婚していたときの姓を名乗り続けたい場合、届出が必要です。この届出は、離婚の時から3ヵ月以内に行います。忘れないように離婚届と同時に届け出るようにしましょう。

子どもの戸籍は自動でうつされない

たとえば離婚で母親が旧姓に戻り、子どもの親権を持つ場合、母親は結婚時の戸籍から抜け、新しい戸籍を作りますが、子どもの戸籍はそのままではうつりません。新しい戸籍に子どもを入れるためには、まず子どもの苗字を母親の旧姓に変更する手続きが必要です。これを、「子の氏の変更許可の申立」といい、家庭裁判所に申し立てます。手続きは簡単ですので、裁判所のホームページを確認してください。
子どもの苗字が母親の旧姓に変更されたら「審判書謄本」が交付されますので、それを持って役所に行き、「入籍届」の手続きをします。
男性が婚姻時に苗字を変更した場合も同じです。

勝手に離婚されていた!?

離婚届は誰にでも簡単に記入ができるうえ、夫婦二人が揃って提出する必要はありません。そのため、本人の意思に反して片方の配偶者が勝手に離婚の届け出をしてしまうことも可能です。

たとえば夫婦の仲が極度に悪化していたり、離婚の話し合いがなかなかまとまらず長引いていたりする場合、一方がさっさと届け出てしまうことがあります。

もし、本人の意思に反して協議離婚届が役所へ提出されてしまい、それが受理されてしまうと、形式上では協議離婚が成立してしまいます。

本来であれば、離婚合意のない離婚届出は無効になります。しかしいったんは協議離婚が成立しますので、離婚の成立したことを認めたくないときは、家庭裁判所に対して協議離婚の無効について調停を申し立てることが必要になります。

このような無断での離婚届出を防止するために、離婚届の不受理申出制度が存在します。

不受理申出制度とは？

配偶者が一方的に提出した離婚届を認めないときは、家庭裁判所での調停、または訴訟をすることになり、離婚の無効を確認するための手続きが大きな負担となります。

もし、配偶者から勝手に離婚届を出される心配がある場合は、早い段階で役所に対して離婚届の不受理申出をしておきましょう。

不受理の申出手続きは難しいものでなく、一度提出をしておくと、その取り下げを本人がしないかぎり有効です。本人の知らないところで離婚届が受理される心配はなくなります。

(家事事件手続法) **第268条　調停の成立および効力**

1　調停において当事者間に合意が成立し、これを調書に記載したときは、調停が成立したものとし、その記載は、確定判決と同一の効力を有する。

夫婦で築いた財産は、ぜんぶはんぶんこが基本

あなたを守る法律

民法 第768条　財産分与

1　協議上の離婚をした者の一方は、相手方に対して財産の分与を請求することができる。

2　前項の規定による財産の分与について、当事者間に協議が調わないとき、または協議をすることができないときは、当事者は、家庭裁判所に対して協議に代わる処分を請求することができる。ただし、離婚の時から2年を経過したときは、この限りでない。

3　前項の場合には、家庭裁判所は、当事者双方がその協力によって得た財産の額その他一切の事情を考慮して、分与をさせるべきかどうか並びに分与の額および方法を定める。

財産の分け方

婚姻期間中に、夫婦が協力して築いた財産（共有財産）を分けることを、「財産分与」といいます。分与の割合は、5対5で均等に分けるのが原則です。**妻が専業主婦だとしても、夫と同等の権利を主張できます。妻が家事に専念することで夫は仕事に集中でき、その結果収入が得られると考えられるからです。**

現金や預貯金のほかに、不動産や車、積立型の生命保険の解約返戻金なども対象になります。結婚前に持っていた財産は、「夫婦で協力して築いた財産」ではないので、その人の「特有財産」となり、分与の対象にはなりません。また、相続財産も夫婦で協力して築いた財産ではないので、財産分与の対象にはなりません。婚姻期間中に受けたものであってもです。

双方が納得するのであれば、どのように財産を分けてもかまいません。また、双方が合意できれば、口頭だけの合意でかまいません。心配な場合は、後日もめないように、公正証書などにしておくのがいいでしょう。

CASE 共働きの夫婦。2人とも毎月10万円ずつ家計に拠出し、残りはそれぞれ自分のお小遣いにしようと取り決めてやってきた。わたしはその小遣いを貯金しており、個人の口座に1000万ある。これは分けなくていいお金？

これも原則「共有財産」に含まれますので、夫婦で分けます。「共有財産」は名義に関係なく、共同で築いたものとされます。誰の名義の口座か、不動産が誰の名義かに関係なく、半分ずつで分けます。

ANSWER

慰謝料との違い

慰謝料は、不貞行為やDVなどの不法行為があった場合に発生するものですので、財産分与とは別です。芸能人の離婚などで、「慰謝料1億円」などと報道されることがありますが、裁判の場合、慰謝料は500万円が限度です。報道されている「慰謝料」は、財産分与も含まれていると思われます。

[民法] **第762条　夫婦間における財産の帰属**

1　夫婦の一方が婚姻前から有する財産および婚姻中自己の名で得た財産は、その特有財産とする。
2　夫婦のいずれに属するか明らかでない財産は、その共有に属するものと推定する。

譲りたくないたからもの

あなたを守る法律

[民法] **第819条　離婚、または認知の場合の親権者**

1　父母が協議上の離婚をするときは、その協議で、その一方を親権者と定めなければならない。

2　裁判上の離婚の場合には、裁判所は、父母の一方を親権者と定める。

5　第1項、第3項、または前項の協議が調わないとき、または協議をすることができないときは、家庭裁判所は、父、または母の請求によって、協議に代わる審判をすることができる。

親権とは、未成年の子を育て、財産を管理し、法律行為を代理する権利をいいます。具体的な親権の内容としては、次のようなものがあります。

財産管理権（包括的な財産の管理権）
- 子どもの法律行為に対する同意権（民法第5条）

身上監護権
- 居所指定権…親が子どもの居所を指定する権利（民法第821条）
- 懲戒権…子どもに対して親が懲戒・しつけをする権利（民法第822条）
- 職業許可権…子どもが職業を営むにあたって親がその職業を許可する権利（民法第823条）
- 身分行為の代理権…子どもが身分法上の行為を行うにあたっての親の同意・代理権（民法第737条、第787条、第804条）

未成年の子どもは親の親権に従うことになり、その親権は父母が共同して行使することが原則です（民法第818条3項）。
権利だけでなく、社会的に未熟な子どもを保護して、子どもの精神的・肉体的な成長を図っていかなければならない親の義務という側面もあります。

日本では離婚する場合、父母のどちらか一方が親権者となります（単独親権）。
なお、欧米では離婚しても両親がともに親権を持つ「共同親権」が主流です。
話し合いで親権者を決めることができればいいですが、決められない場合は、調停や裁判で争うことになります。

親権者を決める際は、「親の事情」と「子どもの事情」を踏まえて総合的に判断します。親の事情には監護能力、健康状態、経済力、居住環境、教育環境、子どもへの愛情、子育てを手伝ってくれる人の有無などがあります。子どもの事情には、年齢、性別、兄弟姉妹関係、健康状態、環境の変化への対応性、本人の意向などがあります。
日本では、「母親優先の原則」「継続性の原則」の2つが重要視されます。「子どもは母親が育てるのが望ましい」「現在の生活環境を変えないほうが子どもの利益になる」という考え方です。

親権者は、離婚届に記載します。離婚時に定めた親権者を離婚の成立後に変更したいときは、家庭裁判所に調停を申し立てることが必要です。家庭裁判所の関与なく、父母間の協議だけで親権者を変更することはできません。

一度親権者を提出すると変更は難しい

父母の合意だけで親権者を指定できるのは、協議離婚だけです。どのかたちの離婚でも、いったん離婚届に親権者が記載されると、その後の変更は困難なケースが多いです。

事
例

CASE

自分に稼ぎがなくても親権は取れる？

経済力は基準の一つではありますが、それよりも愛情を持って子どもを監護できるのか、ということが重要です。離婚すれば配偶者から養育費が支払われます。ひとり親に対する経済的支援制度もあります。少しずつ経済力をつけながら子育てすることは十分可能です。経済力がない、ということだけで親権の適格性が否定されることはありません。

ANSWER

事
例

CASE

父親は親権が取れない？

「母親優先の原則」は、かなり強力であることは間違いありません。しかし、親権は、子どもの利益の観点から決められるものです。子育てにどれほど積極的に関与してきたか、現在の子どもとの関係性は良好か、仕事が忙しい時期や出張の際、子育てのサポート体制は十分かなどの事情が重要です。総合的に判断した結果、父親が親権を取れるケースはあります。

ANSWER

関
連
条
文

[民法] **第818条　親権者**
1　成年に達しない子は、父母の親権に服する。
2　子が養子であるときは、養親の親権に服する。
3　親権は、父母の婚姻中は、父母が共同して行う。ただし、父母の一方が親権を行うことができないときは、他の一方が行う。

[民法] **第820条　監護および教育の権利義務**
親権を行う者は、子の利益のために子の監護及び教育をする権利を有し、義務を負う。

「毒親」は親権の濫用

「わたしの子どもなんだから、なにしてもいい」?

「毒親」という言葉が広く知られるようになりました。決まった定義はありませんが、「子どもを思い通りに支配しようとする親」「子どもを傷つける親」「子どもにまったく無関心な親」というように、「子どもにとって毒になる」意味で使われます。

具体的には、次の行為などが毒親の行為の例に挙げられます。

- ささいなことでどなったり暴力をふるったりする
- 一切スキンシップをしない
- 習い事や進路などについて、子どもの希望を無視して親の意向に従わせる
- 必要な食事も与えない、教育を受けさせないなど、子どもに無関心
- 子どもの考えや好みを全面的に否定する
- 「産まなければよかった」「お前のせいで、私の人生がだめになった」「いなくなれ」など、子どもの存在自体を否定する
- 子どもの進学、就職、結婚などを邪魔する

親は、子どもの利益のために、子どもの監護をし、教育をする権利があります。そして、これは義務でもあります（民法第820条）。

「子の利益のために」という言葉は、児童虐待防止の観点から、2011年の民法改正により追加されました。親が好き勝手に子どもを支配していいわけではないことは当然の前提と思われていましたが、親権の濫用による虐待が増えてきたため、民法に明記されました。同時に、従来の「親権喪失」制度に加え、親権喪失よりも認められやすい「親権停止」制度も新しくできました。

毒親に育てられた子どもたちは、自己肯定感が低く、自分が親になることを恐れるなど、成人してからもさまざまな生きづらさを持ち続ける人が少なくありません。逆に、自分の意に反して、嫌だった自分の毒親そっくりにふるまってしまう人もいます。

しかし、カウンセリング等で回復できるケースも多いようです。自分の生きづらさの原因が親との関係にありそうだと感じたら、一度専門家に相談してみるのもよいでしょう。

あの子のことを忘れないで

（家事事件手続法）**第289条　義務の履行状況の調査および履行の勧告**

１　義務を定める第39条の規定による審判をした家庭裁判所は、権利者の申出があるときは、その審判で定められた義務の履行状況を調査し、義務者に対し、その義務の履行を勧告することができる。

親権がないなら育てなくていい?

離婚後、子どもの親権を相手に渡したからといって、養育の義務を免れるわけではありません。子どもを引き取らなかった側も養育費の支払い義務を負います (民法第766条)。

しかし養育費を支払ってもらう取り決めをしたものの、支払われなくなり、催促しても応じてくれなくなる……という場合は少なくありません。
相手に養育費を払ってもらうための方法には次のものがあります。

履行勧告(家事事件手続法第289条)

家庭裁判所が、元配偶者に養育費等の支払いを促してくれる無料でできる制度です。離婚調停や離婚裁判を審理してくれた裁判所に電話を一本するだけで、調査と手続きを進めてくれます。調査と手続きは、家庭裁判所の調査官が行います。調査官は、相手に対して不履行の理由等を確認し、相手に養育費を支払うよう求めます。
ただし、相手が従わなくともペナルティはありません。

履行命令(家事事件手続法第290条)

家庭裁判所が、相手に養育費等の支払いを命令してくれる無料の制度です。相手がこの命令に従わない場合、10万円以下の過料に処せられます。ただし、養育費などを強制的に徴収する効果はありません。

強制執行

裁判や調停などの結果、養育費の支払いについて和解・調停調書や判決に記載をされていれば、強制執行が可能な場合があります。
そして、養育費などの定期的に支払われるお金(定期金債権)について、未払い等がある場合には、将来の養育費についても、相手の給与を差し押さえることが可能です。うまくいけば、相手の勤務する会社が相手への給料の2分の1を限度として、養育費の金額をあなたに支払うことになります(例外はあります)。
ただし、差し押さえが可能なのは、給与や賃料など、相手に継続的に入って来ることが決まっているお金に限られます。また相手が転職して勤務先がわからなくなった場合には、事実上難しい場合があります。

養育費の取り立てがしやすくなった

離婚時に子の養育費の取り決めをしていても、離婚後、元夫が払わなくなり、財産を差し押さえしようとしても、どこに財産があるのか、今の居住地や勤務先がどこなのかもわからないため、泣き寝入りしなければならないケースが多くみられました。

しかし、養育費は子どもの成長のために必要不可欠なものです。支払われないと、子どもの貧困につながったり、希望する教育が受けられなかったりします。

この不都合を避けるため、2020年4月から、養育費の取り立てがしやすくなるよう民事執行法が改正されました。

養育費の取り決めのある調停調書や公正証書がある場合、地方裁判所に申し立てると、裁判所が元夫の預貯金の口座情報や勤務先の情報を、金融機関や市町村などから取得できるようになりました。

しかし、養育費の取り決めが口約束や、当事者どうしだけの念書などの場合、この制度は利用できません。協議離婚の場合でも、養育費については公正証書を交わしておくことが重要です。

CASE

離婚して子どもの親権を取得し、前夫からは養育費をもらっている。その後、私は再婚。再婚相手（後夫）と私の子は、養子縁組をした。この場合、前夫の養育費はそのままもらえる？

子どもの第一次扶養義務は後夫が負い、前夫は第二次扶養義務を負うことになります。後夫に経済力がない場合などを除き、前夫は実父ではありますが、扶養義務を負わないので、養育費を支払わなくてもいいことになります。ただし、前夫が「実子なので払い続けたい」というのであれば、受け取ることは自由です。

なお、後夫が養子縁組しない場合、後夫は法律上の扶養義務を負いませんので、引き続き前夫が養育費を負担することになります。

ANSWER

CASE

離婚して子どもの親権を取得し、シングルマザーとして子育てしている。前夫からは毎月決まった養育費が支払われている。ところが先日、前夫が別の女性と再婚し、子どもが生まれたことが判明。私の子は、これまで通り、養育費を払ってもらえる?

ANSWER

前夫が別の女性と結婚した場合、その女性に収入がなかったり、二人の間に子どもが生まれたりすれば、当然に前夫は新しい家庭の妻子について扶養義務を負います。その時の前夫の収入にもよりますが、これまでに払っていた養育費の金額は減る可能性が高いです。

(民法) **第766条　離婚後の子の監護に関する事項の定め等**

1　父母が協議上の離婚をするときは、子の監護をすべき者、父、または母と子との面会および
その他の交流、子の監護に要する費用の分担その他の子の監護について必要な事項は、その協議
で定める。この場合においては、子の利益を最も優先して考慮しなければならない。

2　前項の協議がととのわないとき、または協議をすることができないときは、家庭裁判所が、
同項の事項を定める。

(家事事件手続法) **第290条　義務履行の命令**（一部抜粋）

1　義務を定める第39の規定による審判をした家庭裁判所は、その審判で定められた金銭の
支払い、その他の財産上の給付を目的とする義務の履行を怠った者がある場合において、相当と
認めるときは、権利者の申し立てにより、義務者に対し、相当の期限を定めてその義務の履行を
すべきことを命ずる審判をすることができる。

(民事執行法) **第151条の2　扶養義務等に係る定期金債権を請求する場合の特例**

1　債権者が次に掲げる義務に係る確定期限の定めのある定期金債権を有する場合において、そ
の一部に不履行があるときは、第30条第1項の規定にかかわらず、当該定期金債権のうち確定期
限が到来していないものについても、債権執行を開始することができる。

　①民法第752条の規定による夫婦間の協力および扶助の義務
　②民法第760条の規定による婚姻から生ずる費用の分担の義務
　③民法第766条の規定による子の監護に関する義務
　④民法第877条から第880条までの規定による扶養の義務

2　前項の規定により開始する債権執行においては、各定期金債権について、その確定期限の到
来後に弁済期が到来する給料、その他継続的給付に係る債権のみを差し押さえることができる。

(民事執行法) **第152条　差押禁止債権**（一部抜粋）

3　債権者が前条第1項各号に掲げる義務に係る金銭債権を請求する場合における前2項の規定
の適用については、前2項中「4分の3」とあるのは、「2分の1」とする。

だいじなたからものを守る

妊娠がわかったら

病院で妊娠がわかったら、住民票のある役所に行って妊娠届を提出し、母子手帳をもらってください。母子手帳には、妊婦検診の結果や妊娠中の健康状態、出産後の赤ちゃんの予防接種や健康の記録が綴られますので、とても重要です。

出産に関する支援制度

- 妊婦健診費助成・・・妊婦検診14回分の費用を自治体が助成する制度です。助成内容は、自治体により異なるので、問い合わせてみてください。
- 出産育児一時金・・・出産費用のため、子ども一人につき42万円が保険給付として支払われます。出産予定の病院に問い合わせてください。
- 高額療育費制度・・・切迫早産や病気で、入院が長期にわたる場合、治療費が一定額以上になるとその分が負担されます。負担の上限額等の条件は個人で異なりますので、医療機関に問い合わせてください。
- 出産手当金・・・産前産後休業の間、働いていたときの日給の3分の2相当額が健康保険から支払われます。手続きは会社に問い合わせてください。
- 育児休業給付金・・・育児休業に入ってから最初の180日は休業開始前の賃金の67％相当額、それ以降は50％相当額が支払われます。手続きは会社に問い合わせてください。

赤ちゃんが産まれたら

14日以内に自治体へ「出生届」を提出します。出生届には赤ちゃんの名前を記載しますので、それまでに名前を決めます。その際、「児童手当」受給と「乳幼児等医療費助成制度」の手続きをしましょう。

育児に関する支援制度

- 児童手当・・・中学校修了まで、子どもの年齢や親の所得に応じて手当が支給されます。
- 乳幼児等医療費助成制度・・・0歳からある一定の年齢まで、医療機関にかかった場合、費用の一部あるいは全額が助成される制度です。内容は各自治体で異なりますので、問い合わせてください。

各制度は、変わる可能性がありますので、その都度確認しましょう。

振り向いてもいくら探しても、あの人はもういない

あなたを守る法律

民法　第882条　相続開始の原因

相続は、死亡によって開始する。

民法　第890条　配偶者の相続権

被相続人の配偶者は、常に相続人となる。

配偶者に先立たれたときにすべきこと

配偶者が亡くなったときはまず、かかりつけ医がいれば連絡しましょう。特に病気もなくて自宅で亡くなった場合は、救急車を呼ぶか、警察に連絡しましょう。死亡が確認されたら、死亡診断書や死体検案書を作成してもらいます。

事件性があれば、司法解剖などが必要な場合もあります。この死亡診断書は死亡届と一体になっていますので、死亡届に必要事項を記入して、配偶者が亡くなってから7日以内に役所に提出してください。

マイナスの財産に注意

配偶者が亡くなると、相続が始まります。「私の家は、貯金もないし、むしろ夫は借金してたくらいだから、関係ない」というのは間違いです。**友人からの借金や住宅ローンといった「マイナスの財産」も相続されます。**

内縁関係の場合

配偶者には必ず相続権があります。しかし、**いわゆる内縁関係の場合は、どれほど親密な関係であっても相続権はありません。**ただし、法定相続人が一人もいない場合には「特別縁故者」として、相続財産を受け取ることができる場合があります。また、あらかじめ遺言があれば、相続財産を受け取ることができます。できれば、生前に相続についても話をしておくことが望ましいです。

相続するものはどんなもの？

財産の内容によって、相続財産になるものとならないものがあります。
たとえば、生命保険の死亡保険金は、保険契約の対価として支払われるものなので、相続の対象とはなりません。ただし、相続税の対象にはなるので注意が必要です。
マイナスの財産が多い場合は、「相続放棄」（民法第915条）の手続きをすべきです。相続放棄すれば、配偶者が残した借金を支払う必要はありませんが、放棄しない場合は支払わなければなりません。
相続放棄は、「相続の開始を知ったとき」から3カ月以内に家庭裁判所で手続きをする必要があります。ほとんどの場合、配偶者であれば亡くなったことはすぐ分かりますので、「亡くなってから3カ月以内」と覚えておきましょう。
財産の全容が不明なときは、家庭裁判所に相談すると期限を延長してくれる場合がありますので、遠慮なく相談しましょう。
なお、プラスの財産とマイナスの財産の両方があって、相続したほうがいいのか、相続放棄したほうがいいのかわからない場合は、専門家に相談しましょう。

再婚の場合や婚姻外の子がいる場合の相続

誰が相続するのかは、民法で定められています。相続人を確定するためには、亡くなった配偶者が生まれてから亡くなるまでの、全ての戸籍謄本を取得することが必要です。亡くなった配偶者が、実は家族に内緒で婚外子を認知している場合や、全く知らない親戚がいたりしますので、注意が必要です。

夫が再婚で、前婚の妻との間に子どもがいたり、婚姻外で認知した子どもがいる場合、その子どもたちにも相続権があります。夫と疎遠でも、子どもの相続権は全員平等です。また、認知していない子どもがいた場合、死後でも認知される可能性があり、その場合は相続権を主張できます。その子どもの相続権の割合も、ほかの子どもと平等です。

姻族終了

夫が亡くなった場合、夫の家族との関係を終了させることができます。その場合でも、相続には影響がありません。また、姻族を終了できるのは配偶者だけです。望んでいないのに亡くなったパートナーの家族から姻族を終了させられることはありません。

住む場所がなくなる!?

2020年4月1日から施行された改正民法では「配偶者居住権（民法第1028条）」「配偶者短期居住権（民法第1037条）」という権利が設けられました。

これまでは、妻が夫名義の家で暮らしていたとき、夫の死後もそこに住み続けるためには、遺産分割や遺言書によってその不動産の所有権を取得する必要がありました。

改正では、亡くなった人の配偶者が相続開始のときに遺産の建物に居住していた場合、遺産分割または遺言によって、その建物を無償で使用収益をする権利（配偶者居住権）を取得することができるようになりました。

あくまで法律上の配偶者に認められているものなので、内縁の妻や子どもには認められません。

場合によっては、デメリットが多いケースもありますので、専門家に相談しましょう。

民法 第887条　子およびその代襲者等の相続権

1　被相続人の子は、相続人となる。

2　被相続人の子が、相続の開始以前に死亡したとき、または第891条の規定に該当し、もしくは廃除によって、その相続権を失ったときは、その者の子がこれを代襲して相続人となる。ただし、被相続人の直系卑属でない者は、この限りでない。

3　前項の規定は、代襲者が、相続の開始以前に死亡し、または第891条の規定に該当し、もしくは廃除によって、その代襲相続権を失った場合について準用する。

民法 第889条　直系尊属および兄弟姉妹の相続権

1　次に掲げる者は、第887条の規定により相続人となるべき者がない場合には、次に掲げる順序の順位に従って相続人となる。

　①被相続人の直系尊属。ただし、親等の異なる者の間では、その近い者を先にする。

　②被相続人の兄弟姉妹

2　第887条第2項の規定は、前項第2号の場合について準用する。

民法 第900条　法定相続分

同順位の相続人が数人あるときは、その相続分は、次の各号の定めるところによる。

　①子および配偶者が相続人であるときは、子の相続分および配偶者の相続分は、各2分の1とする。

　②配偶者および直系尊属が相続人であるときは、配偶者の相続分は、3分の2とし、直系尊属の相続分は、3分の1とする。

　③配偶者および兄弟姉妹が相続人であるときは、配偶者の相続分は、4分の3とし、兄弟姉妹の相続分は、4分の1とする。

　④子、直系尊属、または兄弟姉妹が数人あるときは、各自の相続分は、相等しいものとする。ただし、父母の一方のみを同じくする兄弟姉妹の相続分は、父母の双方を同じくする兄弟姉妹の相続分の2分の1とする。

民法 第901条　代襲相続人の相続分

1　第887条第2項、または第3項の規定により相続人となる直系卑属の相続分は、その直系尊属が受けるべきであったものと同じとする。ただし、直系卑属が数人あるときは、その各自の直系尊属が受けるべきであった部分について、前条の規定に従ってその相続分を定める。

2　前項の規定は、第889条第2項の規定により兄弟姉妹の子が相続人となる場合について準用する。

民法 第1028条　配偶者居住権

被相続人の配偶者は、被相続人の財産に属した建物に相続開始の時に居住していた場合において、次の各号のいずれかに該当するときは、その居住していた建物を取得する。

　①遺産の分割によって配偶者居住権を取得するものとされたとき。

　②配偶者居住権が遺贈の目的とされたとき。

民法 第1030条　配偶者居住の存続期間（一部抜粋）

配偶者居住権の存続期間は、配偶者の終身の間とする。

民法 第1035条　居住建物の返還（一部抜粋）

配偶者は、配偶者居住権が消滅したときは、居住建物の返還をしなければならない。

弁護士に相談って、どうすればいいの？

気軽に相談してOK！

弁護士は、「基本的人権を守り、社会正義を実現すること」を使命としている法律の専門家です。法律というその国のルールに基づいて、人々の自由、財産、健康などの権利を守るとともに、不正が行われることのないように、社会を見守り、みんなが安心して暮らせる社会になるよう仕事をしています。

ただ普通に生活していると、弁護士に相談する機会はあまりないので、ハードルが高く感じられる人も少なくないでしょう。そのせいか、かなり事態が悪化してから相談する方が多い印象です。

しかし病気と同じで、早く相談するほど、早く解決する可能性が高いです。「弁護士に相談するほどのことではない」と思い込まずに、気軽に相談することをおすすめします。相談した結果、「たいしたことではない」とわかれば、無用な不安を抱き続けずにすみます。逆に「重大なことと判明」した場合は、すぐに弁護士が対処できます。

相談のコツ

①関係のある書類・資料はすべて持参しよう

事実の経過や契約の内容などを正確に把握するためには、いろいろな書類を確認する必要があります。また、言葉では説明しにくくても、書類を見ればすぐにわかるということもあります。関係のありそうな書類や資料は、すべて、相談の際に持って行くのがよいでしょう。

書類は重要な証拠になることもあります。直接書き込みをしたり、破ったりしないようにしましょう。

②出来事を時間順に並べたメモ

弁護士に事実の経過を正しく理解してもらい、有益なアドバイスを受けるためには、出来事を時間順に並べたメモを作成し、このメモに基づいて相談をするとよいでしょう。

ただし、時間がなかったり、つらくてメモを作れないときは無理する必要はありません。相談時に口頭で説明しましょう。

③事実をありのままに

　弁護士は、事実を正確に把握しないと、的確なアドバイスをすることができません。弁護士はあなたの秘密を守りますので、自分にとって不利だと思われることや、恥ずかしくて言いにくいことも、ありのままに伝えましょう。

　また、自分ではささいなことと思っていても、弁護士の目から見れば重要であることもありますので、自分で判断せずに、なんでも話しましょう。

どんな弁護士さんにお願いしたらいいの？

　「どのように弁護士を選んだらいいのですか？」「いい弁護士ってどう判断したらいいのですか？」ということをよく聞かれます。

　弁護士は、法律問題についてなんでもわかるわけではありません。医師と同じで、それぞれに専門分野や得意分野があります。まずは、専門分野を確認しましょう。

　専門分野の知識があっても、弁護士も相談者も人間ですから、合う・合わない、は常に問題になります。

　「話しやすい人か」「どんなことでも話してみようと思えるか」「きちんと自分の話を聞いてくれるか」「人として相性が合いそうか」というのが、ひとつの判断基準です。どれほど素晴らしい専門知識があっても、「話したくない」人とは良好な関係を築くことができず、結果的に不利益を被るおそれもあります。

　相談事項について専門分野が合致し、実際に会ってみて「話しやすい」「良好な関係を築けそう」と思ったら、思い切って依頼してもいいでしょう。弁護士との契約は「委任契約」ですから、嫌になったらいつでも理由なしに解除できます。

セカンドオピニオンを聞いていいの？

　病院と同じで、ほかの弁護士にセカンドオピニオンを求めても、まったく問題ありません。一度相談したからといって、その弁護士に断りを入れる必要もありません。いろんな弁護士の意見を聞きたいとか、相談した弁護士の考え方や態度に疑問がある場合など、遠慮なくセカンドオピニオンを求めましょう。

　長きにわたって一緒に闘っていく可能性があるのですから、「この人なら」と思える人を選んでください。

弁護士さんに相談するのは お金がかかる？

相談費用が払えない……？

「ちょっとお話するだけで何万もかかるのでは？」と聞かれることもありますが、そんなことはありません。

事務所によって基準は違いますが、相談だけの場合、30分で5000円（税別）、というのが一般的です。事前に相談料がいくらなのか、聞いてみましょう。インターネットで検索して専門分野を調べ、事務所に直接問い合わせてもいいですし、弁護士会や法テラス（日本司法支援センター）の法律相談に問い合わせてみるのもいいでしょう。

「DV夫と離婚したい」「兄弟姉妹の仲が悪いので相続でもめそう」「犯罪被害にあって刑事裁判に関わることになった」といったような場合、自らの権利を守るためにも弁護士に依頼したほうがよいケースはたくさんあります。お金がない場合でも、弁護士費用を援助する制度がありますので、利用できるかどうか問い合わせてみましょう。

離婚や相続などの 民事・家事事件の場合

無料法律相談

法テラスは、国によって設立された法的トラブル解決のための「総合案内所」です。

一定の資力基準を満たす場合、法律相談を3回まで無料で受けられます。資力基準は、居住エリアや家族の人数等によって異なりますので、法テラスの公式ホームページで確認してください。

民事法律扶助制度

相談だけでなく、実際に事件を依頼する場合には、あなたの資力に関する基準を満たすと、法テラスが弁護士費用を立替払いする「民事法律扶助制度」があります。通常の弁護士費用よりもかなり安く基準が定められています。法テラス、弁護士、利用者の三者契約です。法テラスが弁護士に直接弁護士費用を支払い、

利用者は月々3000円〜1万円を分割返済します。生活保護受給中の場合など、返済義務が免除される場合もあります。

犯罪被害にあった場合

日弁連委託援助制度

　犯罪被害者やご遺族のために活動する弁護士に、依頼者に代わって弁護士費用を支払う制度です。対象となる犯罪は、殺人や傷害、性犯罪、ストーカーなどの生命、身体犯です。詐欺罪や窃盗罪などの経済犯は対象外です（ただし、下着泥棒などの場合、対象となる場合もあります）。原則、預貯金や手持ちの現金が300万円以下である場合に利用できます。

　依頼できる活動内容は、加害者の告訴・告発、法廷傍聴付き添い、加害者側から示談の申し出があったときの交渉、報道機関からの取材などに対する対応などです。

国選被害者参加弁護士制度

　加害者が起訴された場合、被害者は裁判に出席して、被告人に直接質問したり、検察官とは別に求刑を求めたりすることができます。これを「被害者参加」といいます。被害者の預貯金などが200万円以下の場合、国選で弁護士をつけることができ、弁護士費用は国から支払われます。これを「国選被害者参加弁護士制度」といいます。対象となる犯罪は、殺人、性被害、交通事故などですので、検察官に確認しましょう。

　国選被害者参加弁護士は、被害者参加に関する活動を全面的にサポートします。

　なお、被害者参加をして出廷すると、被害者には交通費・宿泊費が支払われ、日当も出ます。

あとがき

　この『おとめ六法』という本は、この2020年代を迎えた現代日本において
は「なくてはならない」本だと思います。
　しかし同時に、この『おとめ六法』はいずれ「なくならなくてはならない」
本だとも思います。

　どうしてこの『おとめ六法』は、「なくてはならない」本なのでしょうか。
　日本社会では2020年代を迎えたいまでも、まだまだ女性にとって生きづら
い側面があります。
　本来平等であるはずの男女間の権利や社会的地位、家庭内での立場などのギ
ャップは、なくなってはいないのです。

　これまで女性たちは「世の中はそういうもの」「女だから仕方がない」と現
状に合わせながらも、その中で強く生きてきました。
　そして、この現実を変えるべく少しずつ、でも確かに声をあげてきました。
　誰であれ、「法律」に沿った主張があれば、社会はそれを表立って否定する
ことはできません。
　ですから、女性たちがこの現状を打ち破ろうとしていくとき、「法律」は強
い武器になります。

　もちろん現実には、誰かが法律どおりの権利を主張しようとしても、困難な
場合は少なくありません。
　法律の専門家として相談を受ける中で、その事実を日々感じます。

　それでも、現状がいかに法律どおりになっていないかを知ることも、またと
ても有益なことだと思います。
　今日では、SNSにより多くの人が情報や意見を発信することができるように
なりました。その意見が集まって、社会を変える大きな力になることも増えて
います。

もしあなたが、現状が法律どおりになっていないことを発見して、そのことについて声をあげれば、世の中を変える最初の一歩になるかもしれません。
　この『おとめ六法』は、そうした女性たちの役に少しでも立てれば、との思いで執筆しました。

　ではどうして『おとめ六法』は「なくならなくてはならない」のでしょうか。
　法律とは本来、男女関係なく適用されるべきものです（もちろん、女性だけを対象にした法律の規定も少数ながらあります）。
「女性向けの法律の本」「男性向けの法律の本」というのは、本来必要がないはずです。
　ですから、いつか女性の本来の権利が実現する社会が実現すれば、このような本はいらなくなると思います。
　そのような意味で、この本は「なくならなくてはならない」本だと思うのです。

　この『おとめ六法』には限界があります。
『おとめ六法』には、全ての問題の解決に必要な法律や制度の知識や法律の解釈が書かれているわけではありません。
　具体的な問題に遭遇したときは、ぜひ弁護士などの専門家に相談をなさってください。
『おとめ六法』に書かれている内容から、具体的な問題解決の方向性についての大まかなイメージを持っていただければと思います。

　最後になりましたが、この本の企画をご提案頂き、社内調整を含めたさまざまな面でご尽力をいただいた、株式会社KADOKAWAの伊藤瞳さまに、心よりお礼を申し上げます。
　そして、この本の執筆のパートナーで、ご多忙の中、わたしからの共同執筆のオファーを快諾いただき、ご苦労を重ねて原稿を完成させてくださった弁護

士の上谷さくら先生にも、深く感謝申し上げます。

　女性たちの心にそっと寄り添う、美しいイラストの数々を手掛けてくださったCahoさまには、感謝の言葉もありません。

　本書のリーガルチェックをご担当頂いた弁護士の檜垣智子先生、そして本書を読みやすく整えてくださった片瀬京子さまにも大変なご尽力を頂きましたこと、心よりお礼を申し上げます。

　この本が、あなたの人生と社会を前向きに後押しする一助となれば、執筆者としてそれに過ぎたるはありません。

2020年5月

岸本　学

著者
AUTHORS

上谷さくら　Sakura Kamitani

弁護士（第一東京弁護士会所属）。犯罪被害者支援弁護士フォーラム事務次長。第一東京弁護士会犯罪被害者に関する委員会委員。元・青山学院大学法科大学院実務家教員。福岡県出身。青山学院大学法学部卒。毎日新聞記者を経て、2007年弁護士登録。保護司。

岸本学　Manabu Kishimoto

弁護士（第一東京弁護士会所属）。第一東京弁護士会犯罪被害者に関する委員会委員。人権擁護委員会第5特別部会（両性の平等）委員。大阪大学法学部卒。民間企業のコンプライアンス統括部門を経て、2008年横浜国立大学法科大学院を卒業。同年司法試験合格。金融庁証券調査官を経て、2010年弁護士登録。

イラスト
ILLUSTRATIONS

Caho

ふわふわキラキラ、女の子の等身大の恋する気持ちをキュートに表現するイラストレーター。優しい色使いとふんわりとした世界観に、ハートをつかまれるファンがSNSを中心に続出。既に多くの商品化が実現され、コラボカフェや有名キャラクターとのコラボグッズなど、その活躍は多岐にわたる。作品集に『Caho作品集 きみに射抜かれたようだ。』（KADOKAWA）。
Twitter：@chico0811／Instagram：@caho0811

協力
COOPERATION

檜垣智子

弁護士（神奈川県弁護士会所属）。上智大学法学部卒業。横浜国立大学大学院国際社会科学研究科法曹実務専攻修了。2010年弁護士登録。

STAFF

Design: APRON(植草可純、前田歩来)
Editorial Cooperation: 片瀬京子 / Kyoko Katase
DTP: 有限会社エヴリ・シンク / Everythink Co., Ltd.
Proofreader: 鷗来堂 / Ouraidou K.K.
Composition: 伊藤瞳 / Hitomi Ito

おとめ六法

2020年5月28日　初版発行

著者／上谷さくら、岸本 学

イラスト／Caho

発行者／川金正法

発行／株式会社KADOKAWA

〒102-8177　東京都千代田区富士見2-13-3

電話　0570-002-301（ナビダイヤル）

印刷所／図書印刷株式会社

【お問い合わせ】
https://www.kadokawa.co.jp/
（「お問い合わせ」へお進みください）
※内容によっては、お答えできない場合があります。
※サポートは日本国内のみとさせていただきます。
※Japanese text only

定価はカバーに表示してあります。